Analizando la Enseñanza del Trabajo en la Carta a los Romanos

La Enseñanza del Trabajo en la Biblia, Volume 26

Sermones Bíblicos

Published by Seminit Publications, 2024.

ANALIZANDO LA ENSEÑANZA DEL TRABAJO EN LA CARTA A LOS ROMANOS

First edition. February 28, 2024.

Copyright © 2024 Sermones Bíblicos.

ISBN: 979-8224543243

Written by Sermones Bíblicos.

Tabla de Contenido

Romanos 12:4. *Porque de la manera que en un cuerpo tenemos muchos miembros, pero no todos los miembros tienen la misma función: Así nosotros, siendo muchos, somos un solo cuerpo en Cristo, y todos miembros los unos de los otros.* De ahí la diversidad. Si la mano fuera hecha exactamente como el pie, no sería ni la décima parte de útil; y si el ojo sólo tuviera la misma facultad que el oído, no podría ver, y todo el cuerpo saldría perdiendo con ello. ¿Nos ponemos a comparar ojos, oídos, pies y manos, y decimos: "Ésta es la mejor facultad"? No. Cada una de ellas es necesaria. Así que no os comparéis entre vosotros, porque si estáis en el cuerpo de Cristo, sois cada uno necesario, y la peculiaridad que poseéis, y la peculiaridad que posee vuestro hermano, tienen su lugar en el cuerpo corporativo, y deben ser preciosas ante Dios.

— **Charles Spurgeon**

Introducción a Romanos

La carta de Pablo a los Romanos es conocida principalmente por su visión de las acciones bondadosas de Dios para la humanidad a través de la cruz y la resurrección de Cristo. "Es el poder de Dios para la salvación de todo el que cree" (**Ro 1:16**). Hay algo que está muy mal en nosotros individualmente y en el mundo como un todo, de lo cual necesitamos salvación, y Romanos nos habla de la forma en la que Dios nos salva de ello.

Romanos es profundamente teológico, pero no es abstracto. La salvación de Dios no es un concepto para el discurso analítico en Romanos, sino un llamado a la acción (**Ro 6:22**). Pablo habla de cómo la salvación de Dios afecta nuestra sabiduría, honestidad, relaciones, juicio, nuestra capacidad para soportar los contratiempos, nuestro carácter y razonamiento ético, los cuales son esenciales para nuestro trabajo. Aquí, en la esencia de las relaciones humanas y el deseo de hacer un buen trabajo, es donde la salvación de Dios se arraiga en nuestro mundo.

Escrita durante el reinado del emperador romano Nerón (54–68 a. C.), la carta a los romanos da a entender la oscuridad y el peligro que rodeaba las iglesias en casas en Roma, lo que incluye a los convertidos a Cristo tanto judíos como gentiles. Algunos de los miembros judíos de las congregaciones habían sido exiliados por un edicto del emperador Claudio en el año 49 y habían regresado recientemente, tal vez habiendo perdido su propiedad y estabilidad financiera en el proceso (**Hch 18:2**). Seguramente el sentimiento antijudío en la cultura romana extendida ejerció presión sobre las iglesias cristianas. La amplia reflexión de Pablo acerca de la fidelidad de Dios tanto para los judíos como los gentiles en esta carta no era un resumen que reflexionaba en los caminos de Dios, sino una reflexión teológica habilidosa acerca de estos eventos históricos y sus consecuencias. El resultado es un conjunto de herramientas prácticas para tomar decisiones morales que llevan a una nueva calidad de vida en donde las personas viven y trabajan.

La carta a los romanos ha sido excepcionalmente importante en el desarrollo de la teología cristiana. Para dar solo dos ejemplos, Martín Lutero se separó de los ideales del Papa León X en gran parte debido a su desacuerdo con lo que percibía que era la perspectiva de la iglesia católica romana respecto al libro de Romanos. Y es posible que la *Epístola a los Romanos* de Karl Barth fuera el trabajo teológico más influyente del siglo veinte. En los últimos veinticinco o treinta años ha surgido un gran debate teológico respecto a la relación entre la salvación y las buenas obras en Romanos y el resto de las cartas de Pablo, el cual se conoce como la Nueva Perspectiva sobre Pablo. Los comentarios generales acerca de Romanos exploran estos temas en detalle. Aquí nos concentraremos específicamente en lo que la carta contribuye para la teología del trabajo. Por supuesto, debemos tener un entendimiento básico de las ideas generales de Pablo antes de aplicarlas al trabajo, así que estudiaremos la teología general hasta cierto punto en cuanto sea necesario.

El evangelio de la salvación - La vocación de Pablo (Romanos 1:1-17)

El primer verso de Romanos anuncia la vocación propia de Pablo, el trabajo que Dios lo ha llamado a hacer: proclamar el evangelio de Dios en palabras y hechos. Entonces, ¿qué es el evangelio de Dios? Pablo dice que es "el poder de Dios para la salvación de todo el que cree; del judío primeramente y también del griego. Porque en el evangelio la justicia de Dios se revela por fe y para fe; como está escrito: Mas el justo por la fe vivirá" (**Ro 1:16–17**). Para Pablo, el evangelio es más que palabras —es el poder de Dios para salvación. Él enfatiza en que esta salvación no es solamente para un grupo de personas, sino que está diseñada para ayudar a cualquier persona en la tierra a que haga parte del pueblo de Dios por la fe. Entonces, Romanos se trata por encima de todo de la salvación de Dios.

¿Qué es la salvación? La salvación es el trabajo de Dios que hace que los seres humanos tengan una relación correcta con Dios y con los demás. Como veremos en un momento, somos salvados de las relaciones quebrantadas —con Dios y con las personas—, las cuales ocasionan las fuerzas del mal del pecado y la muerte en el mundo. Por tanto, la salvación es primero que todo la sanación de las relaciones rotas, comenzando con la sanación que reconcilia al Creador con lo creado, Dios y nosotros. Nuestra reconciliación con Dios lleva a la libertad del pecado y a una nueva vida que no está limitada por la muerte.

Algunas veces, los cristianos reducen el evangelio de salvación de Pablo a algo como, "crea en Jesús para que pueda ir al cielo cuando muera". Esto es verdad, dentro de sus limitaciones, pero es extremadamente insuficiente. Para comenzar, una declaración como esa no dice nada acerca de las relaciones, excepto de la que existe entre el individuo y Dios, pero Pablo nunca deja de hablar de las relaciones entre las personas y entre personas y el resto de la creación de Dios. Pablo tiene mucho más que decir acerca de la fe, de la vida en Jesús, del reino de Dios y de la calidad de vida antes y después de la muerte, lo cual nunca podría encapsularse en una sola consigna.

De igual manera, la salvación no se puede reducir a un solo momento en el tiempo. Pablo dice que "hemos sido salvos" (**Ro 8:24**) y que "seremos salvos" (por ejemplo, **Ro 5:9**). La salvación es un proceso continuo, no un acontecimiento de un momento. Dios interactúa con cada persona en una danza de gracia divina y fidelidad humana en el tiempo. Por supuesto, hay momentos decisivos en el proceso de ser salvos. Los momentos centrales son la muerte de Cristo en la cruz y su resurrección de la muerte. Pablo nos dice que, "fuimos reconciliados con Dios por la muerte de Su Hijo" (**Ro 5:10**) y "el mismo que resucitó a Cristo Jesús de entre los muertos, también dará vida a vuestros cuerpos mortales" (**Ro 8:11**).

Cada uno de nosotros también podría considerar que un momento decisivo en nuestra salvación fue la primera vez que dijimos que creímos en Cristo. Sin embargo, Romanos nunca habla de un momento de salvación personal, como si la salvación fuera un evento que nos ocurrió en el pasado y que ahora está guardado hasta que Cristo regrese. Pablo usa el tiempo pasado de la salvación solo para hablar de la muerte y resurrección de Cristo, el momento en el que Él trajo salvación al mundo. Cuando se trata de cada creyente, Pablo habla de un proceso continuo de salvación, siempre en los tiempos presente y futuro. "Porque con el corazón se cree para justicia, y con la boca se confiesa para salvación" (**Ro 10:10**). No dice en tiempo pasado "creyó" ni "confesó", sino "cree" y "confiesa", tiempo presente. Esto conduce directamente a, "Todo aquel que invoque el nombre del Señor será salvo", tiempo futuro (**Ro 10:13**). La salvación no es algo que nos fue dado, sino que es algo que nos es dado.

Nos tomamos el trabajo de enfatizar la acción continua de la salvación porque el trabajo es uno de los lugares preeminentes en donde actuamos en la vida. Si la salvación fuera algo que solamente nos ocurrió en el pasado, entonces lo que hacemos en el trabajo (o en cualquier aspecto de la vida) sería irrelevante. Pero si la salvación es algo que está ocurriendo en nuestra vida, entonces lleva fruto en nuestro trabajo. Para ser más precisos, ya que la salvación es la reconciliación de las relaciones rotas, entonces nuestras relaciones en el trabajo (como en todo lugar en la vida) con Dios, con otras personas y con el mundo creado estarán mejorando mientras el proceso de salvación se establece. Para dar solo algunos ejemplos, nuestra salvación es evidente cuando somos valientes para decir una verdad impopular, escuchar la perspectiva de otros con compasión, ayudar a nuestros colegas a alcanzar sus metas y producir frutos laborales que ayuden a que otras personas prosperen.

¿Esto significa que debemos trabajar —y seguir trabajando— para ser salvos? ¡Absolutamente no! La salvación viene solamente por medio de "la gracia de Dios y el don por la gracia de un hombre, Jesucristo" (**Ro 5:15**). "Es por fe" (**Ro 4:16**) y nada más. Como lo plantea N. T. Wright, "cualquier lenguaje o terminología que usemos para hablar del gran regalo que el Dios verdadero le ha dado a Su pueblo en y por medio de Jesucristo, lo sigue llamando precisamente un regalo. Nunca es algo que podamos ganar. Nunca podremos hacer que Dios nos deba algo, sino que siempre estaremos en deuda con Él". No trabajamos para ser salvos, sino que, porque estamos siendo salvos, hacemos un trabajo que da fruto para Dios (**Ro 7:4**). Regresaremos a la pregunta de cómo se nos da la salvación en **"Juicio, justicia y fe"** más adelante, en Romanos 3.

Nuestra necesidad de salvación en la vida y en el trabajo (Romanos 1:18-32)

Vimos en **Romanos 1:1–17** que la salvación comienza con la reconciliación con Dios. Las personas se han distanciado de Dios debido a su "impiedad e injusticia" (**Ro 1:18**). "Pues aunque conocían a Dios, no le honraron como a Dios ni le dieron gracias" (**Ro 1:21**). Fuimos creados para caminar en intimidad con Dios entre las criaturas del jardín del Edén (Gn 1–2), pero nuestra relación con Él se ha quebrantado tanto que ya ni reconocemos a Dios. Pablo le llama un estado de "mente depravada" (**Ro 1:28**).

Con la falta de ánimo para quedarnos en la presencia del Dios real, tratamos de crear nuestros propios dioses. Somos los que "cambiaron la gloria del Dios incorruptible por una imagen en forma de hombre corruptible, de aves, de cuadrúpedos y de reptiles" (**Ro 1:23**). Nuestra relación con Dios está tan profundamente quebrantada que no podemos encontrar la diferencia entre caminar con Dios y esculpir un ídolo. Cuando nuestra relación real con el Dios verdadero se rompe, creamos relaciones falsas con dioses falsos. Entonces, la idolatría no es solamente un pecado entre muchos otros, sino que es la esencia de una relación rota con Dios. (Para más información sobre la idolatría, ver **"No te harás ídolo"**, **Éxodo 20:4**).

Cuando nuestra relación con Dios está rota, nuestras relaciones con otras personas también se estropean. La siguiente es una lista que hace Pablo de algunos de los aspectos averiados en las relaciones humanas:

Estando llenos de toda injusticia, maldad, avaricia y malicia; colmados de envidia, homicidios, pleitos, engaños y malignidad; son chismosos, detractores, aborrecedores de Dios, insolentes, soberbios, jactanciosos, inventores de lo malo, desobedientes a los padres, sin entendimiento, indignos de confianza, sin amor, despiadados. (**Ro 1:29–31**)

Casi todas estas evidencias de relaciones rotas las experimentamos en el trabajo. La codicia, los pleitos y la envidia por las posesiones o cheques de pago de los demás, la malicia y la desobediencia hacia alguna autoridad, el chisme y las calumnias de los compañeros de trabajo y la competencia, el engaño y el ser indignos de confianza en las comunicaciones y compromisos, la insolencia, la soberbia y la jactancia de aquellos que experimentan el éxito, la falta de entendimiento en las decisiones, la falta de amor y la crueldad de aquellos en el poder. Por supuesto, la situación no es así en todos los casos. Algunos lugares de trabajo son mejores y otros son peores, pero cada uno ha visto las consecuencias de las relaciones rotas. Todos las padecemos. Todos contribuimos a que ocurran.

Incluso podemos acrecentar el problema haciendo que el trabajo mismo sea un ídolo, dedicándonos a trabajar con la vana esperanza de que por sí solo nos traerá significado, propósito, seguridad o felicidad. Tal vez parezca que esto funciona por un tiempo, hasta que nos ignoran para un ascenso o somos despedidos o nos jubilamos. Entonces descubrimos que el trabajo termina y que en el proceso nos convertimos en extraños para nuestra familia y amigos. Como "el hombre, las aves, los cuadrúpedos y los reptiles", el trabajo fue creado por Dios (**Gn 2:15**) y es inherentemente bueno, aunque se vuelve malo cuando lo elevamos al lugar de Dios.

Todos hemos pecado (Romanos 2-3)

————

Tristemente, esta ruptura se extiende incluso al lugar de trabajo del mismo Pablo, la iglesia cristiana, y en particular a los cristianos en Roma. A pesar de ser el pueblo de Dios (**Ro 9:25**), "llamados a ser santos" (**Ro 1:7**), los cristianos en Roma están experimentando una ruptura en sus relaciones unos con otros. Específicamente, los cristianos judíos están juzgando a los cristianos gentiles por no actuar de acuerdo con sus propias expectativas peculiares y viceversa. Pablo indica que ellos dicen, "Y sabemos que el juicio de Dios justamente cae sobre los que practican tales cosas" (**Ro 2:2**). Cada parte afirma que conoce los juicios de Dios y hablan por Dios. Declarar que hablan en nombre de Dios hace que sus propias palabras se conviertan en ídolos, ilustrando en miniatura cómo la idolatría (la ruptura de la relación con Dios) lleva al juicio (la ruptura de las relaciones con otras personas).

Ambas partes están equivocadas. La verdad es que tanto gentiles como judíos se han apartado de Dios. Los gentiles, que deberían haber reconocido la soberanía de Dios en la creación misma, se han entregado a la adoración de ídolos y a todos los comportamientos destructivos que surgen a partir de este error fundamental (**Ro 1:18–32**). Los judíos, por otra parte, se han vuelto prestos al juicio, hipócritas y jactanciosos porque son el pueblo de la Torá. Pablo resume ambas situaciones diciendo, "Pues todos los que han pecado sin la ley, sin la ley también perecerán; y todos los que han pecado bajo la ley, por la ley serán juzgados" (**Ro 2:12**).

Pero el punto crucial del problema no es que cada parte malentienda las expectativas de Dios. Es que cada lado juzga al otro, destruyendo las relaciones que Dios ha establecido. Es crucial reconocer el rol del juicio en el argumento de Pablo. El juicio ocasiona la ruptura de las relaciones. Los pecados específicos que se encuentran en **Romanos 1:29–31** no son las causas de nuestras relaciones rotas, sino los resultados. Las causas de nuestras relaciones rotas son la idolatría (hacia Dios) y el juicio (hacia las personas). De hecho, la idolatría se puede entender como una forma de juicio, el juicio de que Dios no es suficiente y que podemos crear mejores dioses nosotros mismos. Por tanto, la preocupación dominante de Pablo en los capítulos 2 y 3 es nuestro juicio hacia otros.

Por lo cual no tienes excusa, oh hombre, quienquiera que seas tú que juzgas, pues al juzgar a otro, a ti mismo te condenas, porque tú que juzgas practicas las mismas cosas. Y sabemos que el juicio de Dios justamente cae sobre los que practican tales cosas. ¿Y piensas esto, oh hombre, tú que condenas a los que practican tales cosas y haces lo mismo, que escaparás al juicio de Dios? (**Ro 2:1–3**)

Si nos preguntamos qué hemos hecho que para necesitar la salvación, la respuesta por encima de todo es el juicio y la idolatría, de acuerdo con las palabras de Pablo. Juzgamos a otros, aunque no tenemos el derecho de hacerlo y por tanto, traemos el juicio de Dios sobre nosotros porque Él trabaja para restaurar la verdadera justicia. Para usar una metáfora moderna, es como la Corte Suprema que derroca a un juez corrupto en un tribunal menor que en primer lugar, ni siquiera tenía jurisdicción.

¿Esto significa que los cristianos nunca deben evaluar las acciones de las personas u oponerse a otros en el trabajo? No. Debido a que trabajamos como representantes de Dios, tenemos el deber de evaluar si las cosas que pasan en nuestro lugar de trabajo favorecen u obstaculizan los propósitos de Dios y de actuar de acuerdo a eso (ver **Ro 12:9–13:7** para algunos ejemplos de Pablo). Es posible que un supervisor deba disciplinar o despedir a un empleado que no está haciendo su trabajo satisfactoriamente. Puede que un trabajador tenga que acudir a una autoridad superior a su supervisor para reportar una violación ética o de alguna política. Tal vez un profesor deba dar una nota baja. Puede que un votante o un político deba oponerse a un candidato. Quizá un activista deba protestar por una injusticia gubernamental o corporativa. Es posible que un estudiante deba reportar que otro estudiante hizo trampa. Puede que una víctima de abuso o discriminación deba dejar de tener contacto con el abusador.

Ya que somos responsables ante Dios por los resultados de nuestro trabajo y la integridad de nuestro lugar de trabajo, debemos evaluar las acciones e intenciones de las personas y actuar para prevenir la injusticia y hacer un buen trabajo. Pero esto no significa que podamos juzgar el valor de otros como seres humanos o que creamos que somos moralmente superiores. Aunque nos opongamos a las acciones de otros, no los juzgamos.

Puede que algunas veces sea difícil establecer la diferencia, pero Pablo nos da una guía sorprendentemente práctica. Debemos respetar la conciencia de las demás personas. Dios ha creado a todas las personas de forma que "muestran la obra de la ley escrita en sus corazones, su conciencia dando testimonio" (**Ro 2:15**). Si otros genuinamente están siguiendo su conciencia, entonces no es su trabajo juzgarlos. Pero si usted se está poniendo en un lugar moralmente superior, condenando a otros por seguir su propia guía moral, probablemente esté juzgando de una manera por la que "no tiene excusa" (**Ro 2:1**).

El juicio, la justicia y la fe (Romanos 3)

El juicio, la fuente de las relaciones rotas (Romanos 3:1-20)

¿Qué se puede hacer con un mundo de personas cuya idolatría los separa de Dios y cuyo juicio los separa unos de otros? La verdadera justicia de Dios es la respuesta. En Romanos 3, cuando Pablo describe lo que pasa en la salvación, lo pone en términos de la justicia de Dios. "Nuestra injusticia hace resaltar la justicia de Dios" (**Ro 3:5**).

Antes de continuar, debemos hablar un poco de la terminología de justicia y rectitud. Pablo usa la palabra griega para justicia, *dikaiosynē* y sus diversas formas, treinta y seis veces en Romanos. Se traduce como "justicia" (en el sentido de rectitud) más frecuentemente, y como "justicia" (en el sentido de que cada uno tenga lo que le corresponde) o "justificación" menos frecuentemente. Los dos sentidos son lo mismo en el lenguaje de Pablo. El término *dikaiosynē* se usa primordialmente en los tribunales, en donde las personas buscan justicia para restaurar una situación que no es correcta. Por tanto, la salvación significa estar en el lugar correcto con Dios (justicia en el sentido de rectitud) y con otras personas y toda la creación (justicia en el sentido de que cada uno tenga lo que le corresponde). Una exploración completa de la relación entre las palabras *salvación*, *justificación* y *justicia* (en el sentido de rectitud) va más allá del alcance de este capítulo, pero la aborda cualquier comentario general de Romanos.

Si esto parece abstracto, pregúntese si puede ver implicaciones concretas en el trabajo. ¿Es cierto que los juicios (falsos) que las personas hacen unas de otras son la raíz de las relaciones rotas y las injusticias en donde trabaja? Por ejemplo, si un gerente y un empleado tienen un desacuerdo respecto a la evaluación del rendimiento del empleado, ¿cuál de estas causa un mayor daño: la brecha de desempeño misma o la hostilidad que surge del juicio de ambos? O si alguien chismea acerca de otra persona en el trabajo, ¿qué causa un mayor daño: la vergüenza por lo que se dijo en el chisme o el resentimiento por el juicio que se reveló en el tono del chismoso y las risitas de los que lo escucharon?

Si nuestros juicios falsos son la raíz de nuestras relaciones rotas con Dios, con otras personas y con la creación, ¿cómo podremos encontrar la salvación? Somos realmente incapaces de alcanzar lo que necesitamos: la justicia en ambos sentidos. Incluso aunque queramos volver a tener buenas relaciones, nuestra inhabilidad de juzgar correctamente implica que entre más lo intentamos, siempre empeoramos el problema. Pablo clama, "¿Quién me libertará?" (**Ro 7:24**).

No podemos esperar que alguien más nos rescate, ya que todos estamos en la misma condición. Pablo nos dice que todo ser humano es "hallado mentiroso" (**Ro 3:4**). "No hay justo, ni aun uno; no hay quien entienda, no hay quien busque a Dios; todos se han desviado, a una se hicieron inútiles; no hay quien haga lo bueno, no hay ni siquiera uno" (**Ro 3:10–12**). "Todos pecaron y no alcanzan la gloria de Dios" (**Ro 3:23**).

Con todo, hay esperanza no en la humanidad, sino en la fidelidad de Dios. Pablo pregunta, "¿acaso su infidelidad anulará la fidelidad de Dios?", y responde "¡De ningún modo!" (**Ro 3:3–4**). Por el contrario, "nuestra injusticia hace resaltar la justicia de Dios". Esto significa que nuestros lugares de trabajo son escenarios para la gracia, así como lo son nuestras iglesias o familias. Si sentimos que nuestro lugar de trabajo es demasiado secular, poco ético, demasiado hostil para la fe, demasiado lleno de codicia y personas desalmadas, ¡entonces es exactamente el lugar en donde la cruz de Cristo tiene un gran efecto! La gracia de Dios puede traer reconciliación y justicia en una fábrica, un edificio de oficinas o una estación de gasolina tanto como en una catedral, un monasterio o la iglesia. El evangelio de Pablo no es solo para la iglesia, sino para el mundo entero.

La justicia de Dios, la solución para nuestros juicios falsos (Romanos 3:21-26)

Dado que nuestros juicios son falsos e hipócritas, ¿cómo podremos encontrar la rectitud y la justicia? Esta es la pregunta que lleva al punto dramático crucial de Romanos 3. La respuesta de Dios es la cruz de Cristo. Dios nos da Su justicia/rectitud porque somos incapaces de tener justicia/rectitud por nuestra propia cuenta. Dios lo logra por medio de la cruz de Cristo, en la que demuestra que "Él sea justo y sea el que justifica al que tiene fe en Jesús" (**Ro 3:26**).

Los medios por los cuales Dios lo logra son la muerte y resurrección de Jesús. "Dios demuestra Su amor para con nosotros, en que siendo aún pecadores, Cristo murió por nosotros" (**Ro 5:8**). Dios decidió libremente aceptar la cruz de Cristo como si fuera un sacrificio santo de expiación en el templo judío (**Ro 3:25**). Como en el día de la expiación, Dios decide pasar por alto el mal que el pueblo cometió, con el fin de establecer un nuevo comienzo para todos los que creen. Y aunque Jesús era judío, Dios ve la cruz como una oferta de salvación para todas las personas. A través de la cruz, todos pueden tener una relación restaurada con Dios.

Aunque no tenemos la rectitud/justicia, Dios tiene una provisión infinita de ambas. Por medio de la cruz de Jesús, Dios nos da la rectitud/justicia que restaura nuestras relaciones rotas con Dios, con otras personas y con toda la creación. Cuando Dios nos da salvación, nos da rectitud/justicia.

La *justicia* de Dios ha sido manifestada, atestiguada por la ley y los profetas; es decir, la *justicia* de Dios por medio de la fe en Jesucristo, para todos los que creen; porque no hay distinción; por cuanto todos pecaron y no alcanzan la gloria de Dios, siendo *justificados* gratuitamente por Su gracia por medio de la redención que es en Cristo Jesús, a quien Dios exhibió públicamente como propiciación por Su sangre a través de la fe, como demostración de Su *justicia*, porque en Su tolerancia, Dios pasó por alto los pecados cometidos anteriormente, para demostrar en este tiempo Su *justicia*, a fin de que Él sea *justo* y sea el que *justifica* al que tiene fe en Jesús. (**Ro 3:21–26**, énfasis agregado)

La cruz es la justicia sorprendente de Dios, la cual sorprende porque aunque Dios no es el pecador, es quien hace el sacrificio. ¿Esto tiene alguna implicación en los lugares de trabajo seculares en la actualidad? Podría ser algo más que esperanzador. En situaciones en las que nuestros propios errores o injusticia causan problemas en el trabajo, podemos contar con la rectitud/justicia de Dios para solucionar nuestros errores. Aunque no podemos hacernos justos a nosotros mismos, Dios puede trabajar con Su rectitud/justicia en y a través de nosotros. En situaciones en las que los errores y la injusticia de otros causan los problemas, podemos ser capaces de arreglar la situación sacrificando algo de nosotros mismos —una imitación de nuestro Salvador— aunque no hayamos causado el problema.

Por ejemplo, piense en un grupo de trabajo que funciona dentro de una cultura de culpa. En vez de trabajar juntas para resolver los problemas, las personas pasan todo el tiempo tratando de culpar a otros cada vez que surge un problema. Si su lugar de trabajo tiene una cultura de culpa, puede que no sea su culpa. Tal vez su jefe es el primero en culpar a otros. Aun así, ¿es posible que un sacrificio suyo traiga reconciliación y justicia? La próxima vez que el jefe comience a culpar a alguien, imagine si usted lo cuestionara diciendo, "recuerdo que yo apoyé esa idea la última vez que la mencionamos, así que también puede culparme a mí". ¿Qué pasaría si después de eso, dos o tres personas hicieran lo mismo que usted? ¿Eso comenzaría a derrumbar el juego de la culpa? Puede que usted termine sacrificando su reputación, su amistad con el jefe e incluso sus prospectos de trabajo futuros. Pero, ¿es posible que esa acción también quebrante el dominio de la culpa y el juicio en su grupo de trabajo? ¿Podría esperar que la gracia de Dios asumiera un papel activo a través de su sacrificio?

La fe/fidelidad, la entrada a la justicia de Dios (Romanos 3:27-31)

En la sección anterior, vimos **Romanos 3:22–26** y resaltamos la rectitud/justicia que Dios nos da en la salvación. Ahora veremos el pasaje de nuevo para resaltar el papel de la fe.

La justicia de Dios ha sido manifestada, atestiguada por la ley y los profetas; es decir, la justicia de Dios por medio de la *fe* en Jesucristo, para todos los que *creen*; porque no hay distinción; por cuanto todos pecaron y no alcanzan la gloria de Dios, siendo justificados gratuitamente por Su gracia por medio de la redención que es en Cristo Jesús, a quien Dios exhibió públicamente como propiciación por Su sangre a través de la *fe*, como demostración de Su justicia, porque en Su tolerancia, Dios pasó por alto los pecados cometidos anteriormente, para demostrar en este tiempo Su justicia, a fin de que Él sea justo y sea el que justifica al que tiene *fe* en Jesús. (**Ro 3:21–26**, énfasis agregado)

Claramente, el regalo de Dios de la rectitud/justicia está ligado íntimamente con la fe y la creencia. Esto nos lleva a uno de los temas más famosos en Romanos: el papel de la fe en la salvación. De muchas maneras, la reforma protestante se basó en prestarle atención a esta idea y a pasajes similares en Romanos, y su importancia sigue siendo fundamental para casi todos los cristianos hoy día. Aunque hay muchas maneras de describirla, la idea central es que por la fe, las personas pueden tener una relación correcta con Dios.

La raíz griega *pistis* se traduce como "fe" (o algunas veces "creer", como en uno de los casos anteriores), pero también como "fidelidad", por ejemplo, en **Romanos 3:3**. El idioma español distingue entre la fe (la aprobación, confianza o compromiso mental) y la fidelidad (acciones consistentes con la fe de la persona). Pero en el griego, existe solamente la palabra *pistis* para ambos, la fe y la fidelidad. No hay una separación entre lo que una persona cree y la evidencia de esa creencia en sus propias acciones. Si usted tiene fe, actúa con fidelidad. Dado que en la mayoría de lugares de trabajo nuestra fidelidad (lo que hacemos) será más directamente evidente que nuestra fe (lo que creemos), la relación entre estos dos aspectos de *pistis* adquiere un significado particular en el trabajo.

Aquí, Pablo habla de "la *pistis* de Jesús" dos veces, en **Romanos 3:22** y **3:26**. Si se tradujera literalmente, el griego dice "*pistis* de Jesús", no "*pistis* en Jesús". Por tanto, la redacción literal de **Romanos 3:22** es que somos salvos por la fidelidad de *Jesús* a Dios (la *pistis* de Jesús). En otros pasajes, *pistis* se refiere claramente a *nuestra* fe en Jesús, como en **Romanos 10:9**, "que si confiesas con tu boca a Jesús por Señor, y crees en tu corazón que Dios le resucitó de entre los muertos, serás salvo". En verdad, nuestra fe en Jesús no puede separarse de la fidelidad de Jesús a Dios. Nuestra fe en Jesús se da gracias a la fidelidad de Jesús a Dios en la cruz, y respondemos viviendo fielmente para Él y poniendo nuestra confianza en Él. Recordar que nuestra salvación emana de la fidelidad de Jesús, y no solamente de nuestra creencia, evita que convirtamos la posesión de la fe en una nueva forma de rectitud por obras, como si nuestro acto de decir "creo en Jesús" fuera lo que nos trajera salvación.

El significado completo de la fe/fidelidad en el texto de Pablo tiene dos implicaciones importantes para el trabajo. Primero que todo, evita el temor de que por tomar nuestro trabajo seriamente, flaqueemos al reconocer que la salvación viene solamente por medio del regalo de Dios de la fe. Cuando recordamos que la fidelidad de Cristo en la cruz ya ha cumplido el trabajo de la salvación y que nuestra fe en Cristo viene solamente por la gracia de Dios, entonces reconocemos que nuestra fidelidad a Dios en el trabajo es simplemente una respuesta a Su gracia. Somos fieles en nuestro trabajo porque Dios nos ha dado la fe como un regalo gratuito.

Segundo, la fidelidad de Cristo nos impulsa a ser más y más fieles. De nuevo, esto no es porque pensemos que nuestras acciones fieles nos hacen salvos, sino porque al haber recibido la fe en Cristo, deseamos de todo corazón ser más como Él. Pablo habla de esto como la "obediencia a la fe" (**Ro 1:5; 16:26**). Sin fe es imposible ser obedientes a Dios. Pero si Dios nos da fe, entonces podemos responder en obediencia. De hecho, gran parte de la segunda mitad de Romanos se dedica a mostrarnos cómo ser más obedientes a Dios como un resultado de Su gracia dada por medio de la fe.

Una fe ejemplar: la confianza de Abraham en las promesas de Dios (Romanos 4)

———

Como hemos visto en Romanos 1–3, la cruz de Cristo trae salvación para todos los seres humanos —judíos y gentiles por igual. En Cristo, Dios restaura nuestra relación con Él y con otros sin considerar las disposiciones de la ley judía. Por esta razón, el enfoque principal de Pablo a lo largo de Romanos es ayudar a los cristianos en Roma, entre los que hay divisiones y peleas, a arreglar sus relaciones rotas con el fin de vivir fielmente en lo que Dios ha alcanzado en Cristo.

Sin embargo, esta interpretación de la muerte de Cristo crea un problema para Pablo, ya que les está escribiendo no solo a los gentiles incircuncisos sino también a los judíos circuncidados, para quienes todavía es importante la ley. Además, la interpretación de Pablo parece ignorar la historia de Abraham, a quien se le considera como el "padre" de los judíos, que en efecto fue circuncidado como una señal de su pacto con Dios (**Gn 17:11**). ¿La historia de Abraham no sugiere que entrar en el pacto con Dios requiere la circuncisión de los hombres de todo pueblo, ya sean judíos o gentiles?

En Romanos 4, Pablo argumenta que esto no es así. Al interpretar la historia de Abraham de **Génesis 12:1–3**, **15:6** y **17:1–14**, Pablo concluye que Abraham tuvo fe en que Dios guardaría Su palabra y haría que él, un hombre sin hijos, fuera el padre de muchas naciones por medio de Sara, su esposa estéril y por esto, Dios consideró la fe de Abraham como justicia (**Ro 4:3, 9, 22**). Pablo les recuerda a sus lectores que Dios reconoció la justicia de Abraham mucho *antes* de que Abraham fuera circuncidado, lo cual ocurrió *después* como una *señal* de su fe ya existente en Dios (**Ro 4:10–11**).

En otras palabras, en el momento en que Dios consideró que la fe de Abraham lo ponía en una relación correcta con Él mismo, Abraham compartió el mismo estado que el de un gentil incircunciso en el mundo de Pablo. Por tanto, Pablo concluye que Abraham se convirtió en padre de judíos y gentiles por medio de la justicia de la fe, y no la justicia según la ley judía (**Ro 4:11–15**).

El ejemplo de Abraham en Romanos 4 nos proporciona a los cristianos una gran esperanza para nuestro trabajo y nuestro lugar de trabajo. El ejemplo de confianza de Abraham en las promesas de Dios —a pesar de las circunstancias adversas y los pronósticos aparentemente imposibles— nos dan la valentía para que nuestra confianza no flaquee cuando enfrentemos desafíos en el trabajo o cuando parezca que Dios no está presente (ver **Ro 4:19**). Dios no cumplió Su promesa a Abraham de forma inmediata, lo que nos anima aún más a ser pacientes al esperar que Dios renueve o redima las circunstancias de nuestra vida.

La gracia reina para la vida eterna por medio de Jesucristo (Romanos 5)

En Romanos 5, Pablo relaciona este regalo divino de la justicia con la obediencia de Cristo y la gracia que ahora fluye al mundo por medio de Él. Hay varios aspectos importantes en este capítulo que echan luz sobre nuestras experiencias laborales.

La gracia transforma el sufrimiento de nuestra vida en Cristo (Romanos 5:1-11)

En **Romanos 5:1–11**, Pablo anima aún más a los romanos al recordarles que *por medio de* Cristo *ya* tenemos acceso a la "gracia [de Dios] en la cual estamos firmes" (**Ro 5:2**). La gracia significa el poder de Dios que da vida, el cual levantó a Jesús de los muertos. La gracia continúa trayendo vida nueva y más abundante al mundo para y por medio de los seguidores de Cristo. Al vivir la vida obediente de fe y fidelidad de *Cristo* en nuestras propias circunstancias, experimentamos la gracia de Dios que da vida, la cual nos puede traer gozo y paz en el trabajo, el hogar y en todos los demás contextos.

Sin embargo, confiar en la gracia de Dios requiere por lo general una paciencia firme al enfrentar muchos desafíos. Así como Cristo sufrió mientras obedecía a Dios, nosotros también podemos experimentar sufrimiento cuando actuamos conforme a la vida de fe y fidelidad de Cristo. Pablo incluso dice que se "gloría" en su sufrimiento (**Ro 5:3**), sabiendo que este es una participación en el sufrimiento que experimentó Jesús en Su misión de reconciliar al mundo con Dios (**Ro 8:17–18**). Además, el sufrimiento por lo general trae crecimiento.

La tribulación produce paciencia; y la paciencia, carácter probado; y el carácter probado, esperanza; y la esperanza no desilusiona, porque el amor de Dios ha sido derramado en nuestros corazones por medio del Espíritu Santo que nos fue dado. (**Ro 5:3–5**)

Por tanto, Dios no promete que la vida y el trabajo les traerán felicidad a los creyentes todo el tiempo. Muchas personas sufren en su trabajo. El trabajo puede ser aburrido, degradante, humillante, agotador y cruel. Puede que nos paguen menos de lo debido, que corramos peligro y que nos discriminen. Podemos ser presionados para violar nuestra conciencia y los principios de Dios. Puede que nos despidan, que perdamos el puesto, que reduzcan el personal, que terminen nuestro contrato o que estemos desempleados o subempleados por largos periodos de tiempo. Tal vez nos causemos sufrimiento a nosotros mismos por nuestra propia arrogancia, descuido, incompetencia, codicia o malicia en contra de otros. Podemos sufrir incluso en buenos trabajos. Nunca debemos estar contentos con el abuso o el maltrato en el trabajo, pero cuando tenemos que soportar el sufrimiento allí, no todo está perdido. La gracia de Dios se derrama sobre nosotros cuando sufrimos y eso nos fortalece si permanecemos fieles.

Por ejemplo, preparar el suelo y cuidar los campos no garantiza que el grano crezca bastante o que los vegetales maduren. El mal clima, la sequía, los insectos y las plagas pueden arruinar la cosecha. Sin embargo, por medio de la gracia, los campesinos pueden llegar a aceptar todos estos aspectos de la naturaleza mientras confían en el cuidado de Dios. Esto a su vez le da forma al carácter paciente y fiel de los campesinos, quienes llegan a interesarse profundamente en toda la creación de Dios. Por su parte, una apreciación profunda de la naturaleza puede ser una gran ventaja en el trabajo de sembrar.

De forma similar, la gracia nos empodera para permanecer fieles y esperanzados incluso cuando el empleador para el que trabajamos cierra sus puertas durante tiempos económicos difíciles. Así que, también, el poder de Dios que da vida sostiene a muchos adultos jóvenes educados que siguen luchando con encontrar un trabajo significativo. La gracia también inspira a un equipo a perseverar en el desarrollo de un nuevo producto, incluso después de varios fracasos, sabiendo que lo que aprendan con el fracaso es lo que hace que el producto sea mejor.

El amor de Dios nos sustenta al atravesar toda clase de sufrimiento en la vida y el trabajo. "La esperanza no desilusiona, porque el amor de Dios ha sido derramado en nuestros corazones". Incluso cuando el sufrimiento amenaza con endurecer nuestros corazones, el amor de Dios nos convierte en agentes de Su reconciliación, la cual hemos recibido en Cristo (**Ro 5:10–11**).

La gracia y la justicia conducen a la vida eterna por medio de Cristo (Romanos 5:12-21)

Romanos 5:12–21 refleja un argumento teológico denso y complejo que involucra varios contrastes diferentes entre el Adán desobediente y el Cristo obediente, por medio de quien somos hechos justos y se nos promete la vida eterna. El pasaje nos garantiza que el acto obediente de Cristo de darse a Sí mismo por otros pone a todos los que vienen a Él en una relación correcta con Dios y con los demás. Como participantes en la fe y fidelidad de Cristo, recibimos una parte de los regalos divinos de la rectitud y la vida eterna prometida por Dios por medio de Cristo. Por tanto, ya no participamos en la desobediencia de Adán sino que encontramos la vida eterna al participar en la obediencia de Cristo a Dios.

Pablo habla de la gracia de Dios que opera tanto en el presente como en la eternidad. La reconciliación ya ha sido dada por medio de Cristo (**Ro 5:11**), así que ya somos capaces de vivir vidas que honren a Dios. Pero la reconciliación de Dios no está completa todavía, sino que sigue en el proceso que conduce a la vida eterna (**Ro 5:21**). Si hemos recibido la reconciliación en Cristo, ahora nuestro trabajo es una oportunidad para contribuir a un mejor futuro en donde Cristo gobierna. Los innovadores tienen nuevas posibilidades de crear, diseñar y construir productos que mejoren el bien común. Los trabajadores que ofrecen servicios tienen nuevas oportunidades de mejorar la vida de otras personas. Los artistas o músicos pueden crear belleza estética que realce la vida humana para la gloria de Dios. Ninguno de estos es un medio para alcanzar la vida eterna, pero cada vez que trabajamos para hacer que este mundo sea más como Dios desea, recibimos un anticipo de la vida eterna. Cuando caminamos en obediencia al patrón de fe y fidelidad de Cristo en nuestro lugar de trabajo, sin importar las circunstancias, podemos confiar en que nuestra vida está segura eternamente en las manos de nuestro fiel Dios.

Andar en novedad de vida (Romanos 6)

Aunque la gracia de Dios ha venido al mundo para traer reconciliación y justicia, todavía existen poderes espirituales malvados en el trabajo que se oponen al poder de la gracia de Dios que da vida (**Ro 6:14**). Con frecuencia, Pablo personifica estas fuerzas espirituales malvadas llamándolas "pecado" (**Ro 6:2**), "carne" (**Ro 7:5**), "muerte" (**Ro 6:9**) o "este mundo" (**Ro 12:2**). Los seres humanos deben escoger si, por medio de sus acciones en la vida diaria, se van a asociar con Dios por medio de Cristo o con estas fuerzas del mal. Pablo denomina la decisión de asociarse con Dios como andar "en novedad de vida" (**Ro 6:4**). Él compara caminar en novedad de vida con la nueva vida de Cristo después de ser levantado de los muertos. "Como Cristo resucitó de entre los muertos por la gloria del Padre, así también nosotros andemos en novedad de vida" (**Ro 6:4**). En nuestra vida aquí y ahora, podemos comenzar a vivir —o "caminar"— en reconciliación y justicia así como Cristo vive ahora.

Caminar en novedad de vida requiere que abandonemos el juicio hacia otros y que actuemos según la justicia de Dios en vez de seguir en nuestros hábitos egoístas (**Ro 6:12–13**). Como instrumentos de la justicia de Dios, los creyentes actuamos de formas *por medio de las cuales* el poder de la gracia de Dios, que da vida, edifica a las personas y las comunidades en Cristo. Esto es mucho más activo que simplemente abstenerse del mal comportamiento. Nuestro llamado es a convertirnos en instrumentos de justicia y reconciliación, trabajando para erradicar los efectos del pecado en un mundo turbado.

Por ejemplo, los trabajadores pueden haber caído en el hábito de juzgar a los gerentes diciendo que son malvados o injustos, y viceversa. Esto se puede convertir en un pretexto conveniente para que los trabajadores engañen a la compañía, usen el tiempo pago para actividades personales o dejen de hacer un trabajo excelente. Por el otro lado, esta puede ser una excusa conveniente para que los gerentes discriminen a los trabajadores que no les agradan personalmente, para evadir las regulaciones de seguridad o justicia en el lugar de trabajo, o para ocultarles información a los trabajadores. El simple hecho de seguir las regulaciones o evitar el engaño no sería caminar en novedad de vida. En cambio, caminar en novedad de vida nos demanda primero que todo abandonar nuestros juicios sobre la otra parte. Cuando dejemos de pensar que no merecen nuestro respeto, entonces podremos comenzar a discernir formas específicas de restaurar las buenas relaciones, restablecer el trato justo e imparcial unos con otros y edificarnos unos a otros y a nuestras organizaciones.

Hacer esta clase de cambio en nuestra vida y trabajo es realmente difícil. Pablo dice que el pecado busca continuamente reinar "en vuestro cuerpo mortal, de modo que lo obedezcáis en sus concupiscencias" (**Ro 6:12**, RVR1960). Sin importar que tengamos buenas intenciones, pronto caemos de nuevo en nuestros malos caminos. Solo la gracia de Dios, que se hace real en la muerte de Cristo, tiene el poder de hacernos libres de nuestros hábitos de juicio (**Ro 6:6**).

Por lo tanto, la gracia de Dios no nos "libera" para deambular sin rumbo de regreso a nuestros antiguos males, sino que nos ofrece una nueva vida en Cristo en la que nos sentiremos incómodos cada vez que comencemos a desviarnos del camino. Pablo admite que al comienzo, caminar en novedad de vida se parecerá a la esclavitud. La decisión que podemos tomar entonces es *qué clase* de esclavitud aceptamos —la esclavitud a la novedad de vida o a nuestros antiguos pecados. "Sois esclavos de aquel a quien obedecéis, ya sea del pecado para muerte, o de la obediencia para justicia" (**Ro 6:16**). "Pero ahora, habiendo sido libertados del pecado y hechos siervos de Dios, tenéis por vuestro fruto la santificación [novedad de vida], y como resultado la vida eterna" (**Ro 6:22**). La ventaja de andar en novedad de vida no es que se sienta más libertad que en la esclavitud al pecado, sino que resulta en justicia y vida, en vez de vergüenza y muerte.

Andar en novedad de vida en el lugar de trabajo (Romanos 6)

¿Qué significa ser "esclavos" de la gracia de Dios en nuestro lugar de trabajo? Significa que no tomamos decisiones allí con base en cómo las cosas nos afectan, sino en cómo afectan a nuestro amo, Dios. Tomamos decisiones como mayordomos o representantes de Dios. De hecho, este es un concepto reconocido tanto en la fe cristiana como en el lugar de trabajo secular. En la fe cristiana, Cristo mismo es el mayordomo modelo, quien entregó Su propia vida para cumplir los propósitos de Dios. De igual forma, muchas personas tienen el deber de trabajar por los intereses de otros, en vez de los suyos propios. Entre ellos están los abogados, los funcionarios corporativos, los representantes, todos los miembros de los consejos administrativos, los jueces y muchos otros. No muchos mayordomos o representantes en los lugares de trabajo son tan comprometidos como lo fue Jesús —dispuestos a dar su vida para cumplir sus deberes—, pero el concepto de representación es una realidad cotidiana en el lugar de trabajo.

La diferencia para los cristianos es que, a fin de cuentas, nuestro deber es con Dios, no con el estado, los accionistas, ni nadie más. Nuestra misión principal debe ser la justicia y reconciliación de Dios, no solamente obedecer la ley, obtener ganancias o satisfacer las expectativas de los seres humanos. A diferencia de la afirmación de Albert Carr de que los negocios son solo un juego en el que no aplican las reglas éticas comunes, andar en novedad de vida significa integrar la justicia y la reconciliación en nuestra vida laboral.

Por ejemplo, puede que caminar en novedad de vida en el caso de un profesor de secundaria signifique perdonar repetidamente a un estudiante rebelde y problemático, al tiempo que busca formas nuevas de relacionarse con ese estudiante en el salón de clases. Para un político, caminar en novedad de vida puede que implique redactar una legislación nueva que incluya las ideas de diferentes perspectivas ideológicas. Para un gerente, puede que signifique pedirle perdón a un empleado frente a todos los que se enteraron de la falta que cometió contra él.

Caminar en novedad de vida requiere que observemos profundamente nuestros patrones de trabajo. Los panaderos o chefs pueden ver con facilidad cómo su trabajo ayuda a alimentar a las personas que tienen hambre, lo que en sí mismo es una forma de justicia. Puede que los mismos panaderos y chefs también deban observar más profundamente sus interacciones personales en la cocina. ¿Tratan a las personas con dignidad, ayudan a que otros tengan éxito, le dan la gloria a Dios? Caminar en novedad de vida afecta tanto los fines que tratamos de alcanzar como los medios que usamos para hacerlo.

El poder invasivo del pecado (Romanos 7)

En el capítulo 7, Pablo sigue haciendo énfasis en que la novedad de vida en Cristo nos libera de lo que "nos ataba" al "arcaísmo de la letra" de la ley (**Ro 7:6**). Sin embargo, la ley misma no es el problema de la existencia humana, porque "la ley es santa, y el mandamiento es santo, justo y bueno" (**Ro 7:12**). En cambio, Pablo concluye que el problema es el poder que se opone a Dios, el cual llama "pecado", que reside en los seres humanos (**Ro 7:13**). El pecado se ha aprovechado de los mandamientos de la ley usándolos como herramientas para engañar a las personas (**Ro 7:11**), evitando que sean capaces de obedecer la ley como Dios lo planeó (**Ro 7:14, 17, 23**).

El poder del pecado no causa simplemente que tomemos malas decisiones o que hagamos cosas que no deberíamos hacer. Más bien, es como si un poder malvado invadiera el territorio espiritual de cada persona y tomara el control, "vendido a la esclavitud del pecado", como lo plantea Pablo (**Ro 7:14**). Bajo esta esclavitud del pecado, somos incapaces de hacer lo bueno que se exige en los mandamientos y que conocemos en nuestro corazón (**Ro 7:15–20**). Esto ocurre a pesar de nuestras buenas intenciones de hacer lo que Dios desea (**Ro 7:15–16, 22**).

En otras palabras, ¡conocer lo que es bueno no es suficiente para vencer el poder del pecado que nos ha invadido! "Pues no hago el bien que deseo, sino que el mal que no quiero, eso practico" (**Ro 7:19**). Solo podemos ser rescatados de este apuro gracias a la intervención de otra fuerza espiritual más poderosa: el Espíritu Santo que se convierte en el eje central en Romanos 8.

Estamos plenamente conscientes de que saber lo que Dios quiere no es suficiente para mantenernos en el camino correcto en las situaciones laborales. Por ejemplo, aunque sabemos en nuestra mente que Dios quiere que tratemos a todos con respeto, algunas veces caemos presas de la percepción falsa de que podríamos avanzar si hablamos mal de un compañero de trabajo. De igual forma, en el trabajo de ser padres, las personas saben que no es bueno gritarle con ira a un niño pequeño, pero algunas veces, el poder del pecado los supera y lo hacen de todas maneras. Un abogado que les cobra a sus clientes por servicios por hora sabe que debe mantener registros de tiempo minuciosos, pero de todas formas puede ser vencido por el pecado de inflar sus horas para aumentar sus ingresos.

Solos, somos especialmente vulnerables al poder del pecado dentro de nosotros. En donde sea que trabajemos, sería bueno acudir a otras personas (**Ro 12:5**) y ayudarnos los unos a los otros a resistir este poder que trata de vencer nuestra voluntad de hacer lo que es correcto y bueno. Por ejemplo, una cantidad de cristianos pequeña pero creciente se está uniendo a grupos pequeños de pares, con personas que trabajan en condiciones similares. Los grupos de pares tienen distintos lugares de encuentro y sus reuniones van desde una hora una vez a la semana, con frecuencia en lugares de trabajo, hasta medio día una vez al mes. Los miembros se comprometen a contarle a los demás los detalles de las situaciones que enfrentan en el trabajo y a discutirlas desde una perspectiva de fe, desarrollando opciones y comprometiéndose a planes de acción. Un miembro puede describir un conflicto con un compañero de trabajo, un lapsus ético, un sentimiento de falta de sentido o una política de la compañía que parece injusta. Después de que todos comparten su perspectiva, el miembro se compromete a actuar de cierta forma en respuesta a su problema y le reporta al grupo los resultados en reuniones futuras. (Para más información acerca de este tema, ver **"Equipando iglesias para que relacionen el trabajo diario con la adoración"**).

Vivir conforme al Espíritu (Romanos 8)

Vivir conforme al Espíritu conduce a una nueva calidad de vida (Romanos 8:1-14)

Aunque los creyentes son libres de la ley, andar en novedad de vida se basa en una estructura moral firme (de ahí, "la *ley* del Espíritu", **Ro 8:2**). Pablo le llama a esta estructura moral "vivir conforme al Espíritu" o poner la mente en el Espíritu (**Ro 8:5**). Ambos términos se refieren al proceso de razonamiento moral que nos guía mientras caminamos en novedad de vida.

Esta clase de guía moral no funciona listando hechos específicos que son correctos o incorrectos. En cambio, consiste en seguir la "ley del Espíritu de vida en Cristo Jesús" que ha liberado a los creyentes "de la ley del pecado y de la muerte" (**Ro 8:1–2**). Las palabras *vida* y *muerte* son la clave. Como lo discutimos anteriormente en Romanos 6, Pablo entiende el "pecado", la "muerte" y la "carne" como fuerzas espirituales en el mundo, que llevan a las personas a actuar de formas contrarias a la voluntad de Dios y que producen caos, desespero, conflicto y destrucción en sus vidas y en sus comunidades. En contraste, vivir conforme al Espíritu significa hacer todo lo que traiga vida en vez de muerte. "Porque la mente puesta en la carne [nuestra costumbre antigua de juzgar] es muerte, pero la mente puesta en el Espíritu es vida y paz" (**Ro 8:6**). Poner la mente en el Espíritu significa buscar lo que puede traer más vida a cada situación.

Por ejemplo, la ley judía enseña, "no matarás" (**Éx 20:13**). Pero vivir conforme al Espíritu va mucho más allá de no matar a alguien literalmente, sino que busca de forma activa oportunidades de traer una mejor calidad de vida para las personas. Puede que implique limpiar la habitación de un hotel para que los huéspedes tengan buena salud. Puede que signifique quitar el hielo de la acera (o el pavimento) de un vecino para que los peatones puedan caminar seguros. Puede que implique estudiar durante años para obtener un doctorado con el fin de desarrollar nuevos tratamientos para el cáncer.

Otra forma de verlo es que vivir conforme al Espíritu significa vivir una *nueva calidad de vida* en Cristo. Esto viene de dejar a un lado nuestros juicios sobre lo que merecen otras personas y en cambio, buscar lo que les traería una mejor calidad de vida, sea que lo merezcan o no. Al distribuir tareas, un gerente podría asignar tareas que amplíen las habilidades de sus subordinados, en vez de limitarlos a lo que ya son capaces de hacer, e invitarlos a pedir información todos los días. Cuando le soliciten que preste una herramienta de recambio, un proveedor habilidoso podría mostrarle a un trabajador con poca experiencia una nueva técnica que evitará que se rompa la herramienta la próxima vez. Cuando su hijo le pregunte, "¿por qué murió nuestra mascota?", un padre podría preguntarle, "¿tienes miedo de que muera alguien que amas?", en vez de solamente explicar la causa directa de la muerte de la mascota. En cada una de estas situaciones, la meta moral es traer una mejor calidad de vida para la otra persona, en vez de cumplir un mandato de la ley.

Traer vida, en vez de cumplir la ley, es la guía moral de aquellos que están siendo salvos por la gracia de Dios. Somos libres de actuar conforme al Espíritu en vez de esclavizarnos a la ley, porque "no hay ahora condenación para los que están en Cristo Jesús" (**Ro 8:1**).

La inclusión de Pablo de la "paz" como una característica de poner nuestra mente en el Espíritu (**Ro 13:6**, como se mencionó anteriormente), apunta a los aspectos sociales de vivir conforme al Espíritu, porque la paz es un fenómeno social. Cuando seguimos a Cristo, tratamos de traer una nueva calidad de vida para nuestra sociedad, no solo para nosotros mismos. Esto significa prestar atención a las condiciones sociales que menoscaban la vida en el trabajo y en todos los demás lugares. Hacemos lo que podemos para contribuir a que la vida de las personas con las que trabajamos sea mejor. Al mismo tiempo, trabajamos para que haya justicia/rectitud en los sistemas sociales que determinan las condiciones del trabajo y los trabajadores.

Los cristianos podemos ser una fuerza positiva para el mejoramiento —e incluso la supervivencia— si les ayudamos a nuestras organizaciones a tener en cuenta la necesidad de una nueva calidad de vida. Tal vez no podamos hacer grandes cambios en nuestras organizaciones por nuestra cuenta, pero si podemos construir relaciones con otros, ganarnos la confianza de las personas y escuchar a los que no son escuchados, ayudaremos a que la organización progrese. Además, tenemos el ingrediente secreto: nuestra fe de que la gracia de Dios nos puede usar para traer vida incluso a la situación en la que haya más muerte.

Por el otro lado, si no ponemos nuestra mente en el Espíritu, podemos llegar a ser arrogantes y destructivos en nuestras relaciones con los demás trabajadores, los competidores, los clientes u otros. Poner nuestra mente en el Espíritu requiere evaluar constantemente las *consecuencias* o el *fruto* de nuestro trabajo, siempre preguntando si nuestro trabajo realza la calidad de vida de otras personas. Si somos honestos en nuestra evaluación, también se requiere sin duda un arrepentimiento diario y la gracia para cambiar.

Sufrir con Cristo para ser glorificados con Cristo (Romanos 8:15-17)

P ablo contrasta la vida en el Espíritu con la vida bajo la ley judía. Pablo dice que los creyentes han recibido un "espíritu de adopción" como hijos de Dios, en vez de "un espíritu de esclavitud para volver otra vez al temor" (**Ro 8:15**). Todos los que son de Cristo (**Ro 8:9–10**) ahora son hijos adoptados de Dios. En cambio, los que están bajo la ley viven en esclavitud del poder del pecado y también viven con temor, posiblemente a las amenazas de castigo que tiene la ley por la desobediencia. Los creyentes son libres de este temor, ya que "no hay ahora condenación para los que están en Cristo Jesús" (**Ro 8:1**). Cuando vivimos fielmente en Cristo, no enfrentamos las amenazas del castigo de la ley, incluso cuando hacemos algo malo en nuestra vida y trabajo cotidianos. Las dificultades y fracasos aún pueden perjudicar nuestro trabajo, pero la respuesta de Dios no es condenación sino redención. Dios traerá algo que vale la pena a partir de nuestro trabajo fiel, sin importar lo mal que parezca en el presente.

Al menos dos aspectos de estos versículos orientan nuestro enfoque al trabajo o la vida en nuestro lugar de trabajo. Primero, como hijos adoptados de Dios, nunca estamos solos en nuestro trabajo. Sin importar nuestra falta de satisfacción o frustraciones con las personas con las que trabajamos o con el mismo trabajo, o incluso una falta de apoyo para el trabajo por parte de nuestra familia, el Espíritu de Dios en Cristo mora con nosotros. Dios siempre está buscando una oportunidad de redimir nuestro sufrimiento y convertirlo en algo bueno y gratificante en nuestras vidas. Como vimos antes sobre Romanos 5, soportar fielmente la dificultad y el sufrimiento en nuestro trabajo puede llevar a la formación del carácter y a encallar nuestra esperanza para el futuro. (Ver

"La gracia transforma el sufrimiento de nuestra vida en Cristo", anteriormente en **Romanos 5:1–11**).

Segundo, en un momento u otro, la mayoría de personas encuentran fracasos, frustraciones y dificultades en su trabajo. Nuestro trabajo nos exige ciertas obligaciones que de otra manera no tendríamos, incluso algunas tan simples como llegar a tiempo todos los días. Puede que en efecto asumir estos retos fielmente haga que el trabajo sea más provechoso y gratificante. Con el tiempo, estas vivencias nos dan más confianza en la presencia redentora de Dios y hacen que experimentemos más de Su Espíritu que nos motiva y nos da energía.

En algunos casos, es posible que lo acepten y lo apoyen por traer reconciliación y justicia a su lugar de trabajo. En otras situaciones puede que se opongan, lo amenacen, lo castiguen o lo despidan. Por ejemplo, las malas relaciones son una característica desafortunada de muchos lugares de trabajo. Puede que para un departamento sea común sabotear los logros de otro departamento. Los conflictos entre los gerentes y los trabajadores pueden haberse convertido en algo institucionalizado. Puede que un bravucón, una camarilla académica, una pandilla del área de producción, una línea racial divisoria o un jefe abusivo aterroricen a las personas en la oficina. Si usted trae reconciliación en situaciones como estas, puede que la productividad se incremente, que la rotación se reduzca, que se aumente la moral, que repunte el servicio al cliente y que usted sea alabado o ascendido. Por otra parte, es casi seguro que los abusivos, las camarillas, las pandillas, las divisiones raciales y los jefes abusivos se opondrán a su labor.

Esperar ansiosamente la redención corporal para nosotros y la creación de Dios (Romanos 8:18-30)

Ser "glorificado" con Cristo (**Ro 8:17**) es nuestra esperanza para el futuro, pero de acuerdo con Pablo, esa esperanza es parte de un *proceso* que ya está en marcha. Debemos participar pacientemente en él con la expectativa de que en algún punto se completará (**Ro 8:18–25**). El regalo del Espíritu Santo ya recibido como "las primicias" de este proceso (**Ro 8:23**) implica nuestra adopción como hijos de Dios (**Ro 8:14–17, 23**), lo que constituye una prueba de que el proceso está en marcha.

Este proceso culmina con "la redención de nuestro cuerpo" (**Ro 8:23**). Este no es un rescate de nuestra alma fuera de nuestro cuerpo físico, sino la transformación de nuestro cuerpo junto con toda la creación (**Ro 8:21**). Este proceso ya ha comenzado y hoy día experimentamos sus "primicias" (**Ro 8:24**) en nuestra vida y en el trabajo. Aún hay más y mejores cosas por venir, pero en el presente "la creación entera" gime con "dolores de parto" mientras espera ansiosamente la liberación de su propia "esclavitud de la corrupción" (**Ro 8:19–23**). Claramente, Pablo está usando una imagen de Génesis 2–3, en donde no solo Adán sino toda la creación misma fue sometida a corrupción y muerte y ya no era capaz de vivir conforme al plan que Dios diseñó para ella. Esto nos recuerda que debemos considerar el impacto de nuestro trabajo en toda la creación de Dios, no solo en las personas. (Para más información sobre este tema, ver **"Dominio"** en **Génesis 1:26** y **2:5**).

El proceso es lento y algunas veces doloroso. Pablo dice que "gemimos" mientras esperamos que se cumpla, y no solo nosotros individualmente, sino que "la creación entera a una gime y sufre dolores de parto" (**Ro 8:22–23**). Esto refleja los gemidos de Israel cuando fueron esclavos en Egipto (**Éx 6:5**) y nos recuerda que casi 30 millones de personas todavía son esclavas en el mundo actual. No podemos estar contentos solamente con nuestra propia liberación de las fuerzas del mal en el mundo, sino que debemos servir a Dios fielmente hasta que Él complete Su salvación en todo el mundo.

Sin embargo, la salvación del mundo es segura, porque "para los que aman a Dios, todas las cosas cooperan para bien, esto es, para los que son llamados conforme a Su propósito" (**Ro 8:28**). Dios está trabajando en nosotros ahora mismo y se acerca el momento en el que la salvación de Dios se completará en el mundo. El veredicto original de Dios de que es "bueno en gran manera" (**Gn 1:31**) se confirma por la transformación que trabaja en nosotros ahora mismo y que se cumplirá en el tiempo de Dios.

Ya que la transformación todavía no se completa, debemos estar preparados para las dificultades que se presentarán en el camino. Algunas veces hacemos un buen trabajo y luego lo vemos desperdiciado o destruido por el mal que está en este momento en el mundo. Incluso si hacemos un buen trabajo, este puede ser destruido. Nuestras recomendaciones pueden ser desatendidas. Se nos puede acabar el capital, podemos perder las elecciones contra un tramposo, nos podemos ahogar en trámites burocráticos o no hacer uso provechoso del interés de un estudiante. O puede que tengamos éxito por un tiempo y después descubramos que nuestros resultados fueron anulados por eventos posteriores. Los trabajadores del campo de la salud, por ejemplo, han estado a punto de erradicar el polio varias veces, pero terminan enfrentando nuevos brotes debido a la oposición política, la ignorancia, la transmisión relacionada con las vacunas y el ritmo rápido de los viajes modernos.

Nada nos puede separar del amor de Dios (Romanos 8:31-39)

———

Pablo dice que Dios está por nosotros habiendo dado a Su propio Hijo por "todos nosotros" (**Ro 8:31–32**). Nada se puede interponer entre nosotros y el amor de Dios que es en Cristo Jesús nuestro Señor (**Ro 8:35–39**). "Ni la muerte ni la vida, ni los ángeles ni los demonios, ni lo presente ni lo por venir, ni los poderes, ni lo alto ni lo profundo, ni cosa alguna en toda la creación podrá apartarnos del amor que Dios nos ha manifestado en Cristo Jesús nuestro Señor." (**Ro 8:38–39**, NVI). Parece que muchos de estos nos amenazan en el área del trabajo. Tenemos jefes (poderes) amenazantes o incompetentes. Nos atascamos en trabajos sin futuro (lo presente). Hacemos sacrificios ahora —trabajando largas horas, tomando clases después del trabajo, sirviendo en pasantías mal remuneradas, nos mudamos a otro país buscando trabajo— los cuales esperamos que valgan la pena después, pero que tal vez nunca resulten (lo por venir). Perdemos nuestro trabajo debido a ciclos o normas económicas o acciones inescrupulosas por parte de personas poderosas que ni siquiera vemos (poderes). Nos vemos forzados por las circunstancias, los caprichos o los crímenes de otros para hacer trabajos degradantes o peligrosos. Todas estas cosas nos pueden hacer un daño real, pero no pueden triunfar sobre nosotros.

La fidelidad de Cristo —y la nuestra, por la gracia de Dios— vence lo peor que la vida y el trabajo nos pueden hacer. Si nuestra meta principal en el trabajo es el progreso laboral, los ingresos o el prestigio, puede que terminemos decepcionados. Pero si la salvación —es decir, la reconciliación con Dios y las personas, la fidelidad y la justicia— es nuestra esperanza suprema, entonces la encontraremos en medio de lo bueno y lo malo en el trabajo. Las afirmaciones de Pablo implican que sin importar cuáles sean las dificultades que encontremos con nuestro trabajo o las complejidades y los retos que enfrentemos con compañeros o superiores en el trabajo, el amor de Dios en Cristo siempre mora con nosotros. El amor de Dios en Cristo es la fuerza firme en medio de la adversidad actual y la esperanza para la redención de nuestro cuerpo en el futuro.

El carácter de Dios es ser misericordioso con todos (Romanos 9-11)

En Romanos 9–11, Pablo regresa al problema inmediato que la carta tiene el propósito de abordar: el conflicto entre los cristianos judíos y los cristianos gentiles. Ya que este no es nuestro interés principal en la teología del trabajo, lo resumiremos rápidamente.

Pablo habla de la historia de Dios con Israel y le presta una atención especial a la misericordia de Dios (**Ro 9:14–18**). Él explica cómo la salvación de Dios viene también para los gentiles. Los judíos experimentaron la salvación de Dios primero, comenzando con Abraham (**Ro 9:4–7**), pero muchos se desprendieron y en el momento parece como si los gentiles fueran más fieles (**Ro 9:30–33**). Sin embargo, los gentiles no deben juzgar, porque su salvación está entrelazada con la de los judíos (**Ro 11:11–16**). Dios ha preservado un "remanente" de Su pueblo (**Ro 9:27, 11:5**), cuya fidelidad, por la gracia de Dios, conduce a la reconciliación del mundo.

Entonces, para los judíos y los gentiles de igual forma, la salvación es un acto de la misericordia de Dios, no una recompensa por la obediencia humana (**Ro 9:6–13**). Con esto en mente, Pablo toma diversos argumentos de ambas partes, siempre concluyendo que Dios "del que quiere tiene misericordia" (**Ro 9:18**). Ni los judíos ni los gentiles son salvos por sus propias acciones, sino por la gracia de Dios.

Pablo dice que la salvación de Dios viene por confesar a Jesús como Señor y creer que Dios le levantó de los muertos (**Ro 10:9–10**). En otras palabras, la salvación viene a todos los que confían en el poder de Dios que da vida, el cual enriquece la vida de los gentiles y los judíos que siguen a Jesús como Señor (ver **Ro 10:12–13**). La desobediencia, sea de gentiles o de judíos, le da a Dios la oportunidad de mostrarle al mundo Su misericordia para todos (**Ro 11:33**). El interés de Pablo en esta carta es *reconciliar* las relaciones rotas entre los seguidores judíos y gentiles de Jesús.

Romanos 9–11 nos ofrece esperanza a todos en el trabajo y en nuestros lugares de trabajo. Primero, Pablo enfatiza en el deseo de Dios de tener misericordia con el desobediente. Todos nosotros, en un momento u otro de la vida laboral, hemos dejado de representar la fe y la fidelidad de Cristo en algún aspecto en nuestro trabajo. Si Dios tiene misericordia de nosotros (**Ro 11:30**), somos llamados a tener misericordia con otros en el trabajo. Esto no significa ignorar el mal desempeño o guardar silencio frente al acoso o la discriminación. La misericordia no es permitir la opresión. En cambio, significa no permitir que los errores de una persona nos lleven a condenarla en su totalidad. Cuando alguien con quien trabajamos comete un error, no debemos juzgarlo como incompetente sino ayudarlo a recuperarse de su error y aprender a no repetirlo. Cuando alguien viola nuestra confianza, debemos pedirle cuentas, mientras que al mismo tiempo ofrecemos un perdón que, si se acompaña de arrepentimiento, crea un camino para restablecer la confianza.

Segundo, esta sección de la carta nos recuerda nuestra responsabilidad de perseverar como cristianos fieles para que podamos ser el "remanente" fiel (**Ro 11:5**) a favor de aquellos que han tropezado temporalmente en su obediencia de fe. Cuando vemos que los que están a nuestro alrededor fallan, nuestra tarea no es juzgarlos sino ayudarlos. Tal vez nuestra fidelidad pueda mitigar el daño hecho a otros e incluso liberar del duro castigo a quienes lo causaron. Si vemos que un colega maltrata a un cliente o a un subordinado, por ejemplo, tal vez podemos intervenir para corregir la situación antes de que se convierta en una ofensa que cause el despido. Cuando recordamos lo cerca que hemos estado de tropezar o cuántas veces hemos fallado, nuestra respuesta a los errores de otros es misericordia, como fue la de Cristo. Esto no significa que permitamos que las personas abusen de otros. Significa que nos ponemos en riesgo, como lo hizo Cristo, para favorecer la redención de personas que se han equivocado bajo el poder del pecado.

Tercero, estos capítulos nos recuerdan que debemos demostrarle al resto de nuestros colegas cómo es la obediencia de fe en la vida diaria y el trabajo. Si en efecto caminamos en novedad de vida (ver **"Andar en novedad de vida"** en Romanos 6) y ponemos nuestra mente en la forma en que nuestras acciones pueden traer una nueva calidad de vida a las personas a nuestro alrededor (ver **"Vivir conforme al Espíritu conduce a una nueva calidad de vida"** en Romanos 8), ¿los demás no serán atraídos a hacer lo mismo? Nuestras acciones en el trabajo pueden ser la adoración más fuerte que le ofrezcamos a Dios y el testimonio más atractivo que nuestros compañeros de trabajo puedan ver. El deseo de Dios es que todos en el mundo sean reconciliados con Él y unos con otros. Así que todo aspecto de nuestro trabajo y nuestra vida se convierte en una oportunidad de dar testimonio para Cristo —ser uno de los representantes reconciliadores de Dios en el mundo.

Cuarto, debemos conservar la humildad. Cuando nosotros, así como las partes a las que Pablo estaba escribiendo, juzgamos nuestra propia posición como superior a la de aquellos a nuestro alrededor, imaginamos que tenemos algún privilegio con Dios. Pablo habla directamente en contra de esta arrogancia. No sabemos exactamente cómo Dios trabaja en los demás. Como lo plantea el general Peter Pace, presidente retirado del estado mayor conjunto de las fuerzas armadas de los Estados Unidos, "siempre debe decir la verdad como conoce y debe entender que hay bastante que usted no sabe".

Las formas específicas en las que representamos este ministerio de reconciliación en el mundo son tan diversas como nuestro trabajo y nuestros lugares de trabajo. Por tanto, acudimos a Romanos 12 para encontrar la dirección de Pablo acerca de cómo discernir las formas de poner en práctica el amor reconciliador de Dios en nuestro trabajo.

La comunidad de gracia en el trabajo
(Romanos 12)

<hr>

Romanos 12 resalta los aspectos sociales y comunitarios de la salvación. Pablo no le estaba escribiendo a una sola persona sino a la comunidad de cristianos en Roma, y su preocupación constante es su vida en comunidad —con un énfasis especial en su trabajo. Como vimos en Romanos 1–3, la salvación en Cristo comprende la reconciliación, la rectitud y la justicia, y la fe y la fidelidad. Cada uno de estos tiene un aspecto comunal —la reconciliación *con otros*, la justicia *entre las personas*, la fidelidad *a otros*.

Ser transformados por medio de la renovación de nuestro entendimiento (Romanos 12:1-3)

———

Darle vida al aspecto comunal de la salvación implica una reorientación de nuestra mente y voluntad, del egoísmo al servicio a la comunidad.

Y no os adaptéis a este mundo, sino transformaos mediante la renovación de vuestra mente, para que verifiquéis cuál es la voluntad de Dios: lo que es bueno, aceptable y perfecto. Porque en virtud de la gracia que me ha sido dada, digo a cada uno de vosotros que no piense más alto de sí que lo que debe pensar, sino que piense con buen juicio, según la medida de fe que Dios ha distribuido a cada uno. (**Ro 12:2–3**)

Comencemos con la segunda mitad de este pasaje, en donde Pablo hace explícito el aspecto comunal. "Digo a cada uno de vosotros que no piense más alto de sí que lo que debe pensar". En otras palabras, piense menos de usted mismo y más alto de otros, más sobre la comunidad. Más adelante en el capítulo 12, Pablo lo amplía agregando, "sed afectuosos unos con otros con amor fraternal" (**Ro 12:10**), "contribuyendo para las necesidades de los santos", "practicando la hospitalidad" (**Ro 12:13**), "Vivan en armonía los unos con los otros" (**Ro 12:17**) y "estad en paz con todos los hombres" (**Ro 12:18**).

La primera parte de este pasaje nos recuerda que somos incapaces de poner a otros primero, sin la gracia salvadora de Dios. Como Pablo señala en Romanos 1, las personas son esclavizadas a una "mente depravada" (**Ro 1:28**), "vanos en sus razonamientos", oscurecidos por "su necio corazón" (**Ro 1:21**), lo que resultó en que hacen toda clase de mal unos a otros (**Ro 1:22–32**). La salvación es la liberación de esta esclavitud de la mente, "para que verifiquéis cuál es la voluntad de Dios: lo que es bueno, aceptable y perfecto". Si tan solo nuestras mentes son transformadas del egoísmo al interés por los demás —imitando a Cristo, quien se sacrificó a Sí mismo por otros—, podremos poner la reconciliación, la justicia y la fidelidad por encima de nuestros objetivos egoístas.

Con la mente transformada, nuestro propósito cambia y ya no justifica nuestras acciones egoístas sino que trae nueva vida para otros. Por ejemplo, imagine que usted es un supervisor de turno en un restaurante y se vuelve candidato para un ascenso a administrador. Si su mente no está transformada, su meta principal será derrotar a los demás candidatos. No parecerá difícil justificar (a usted mismo) acciones tales como ocultar información de los demás candidatos acerca de problemas con los proveedores, ignorar problemas de higiene que se volverán visibles solo en los turnos de los demás, esparcir disensiones entre trabajadores o evitar la colaboración para mejorar el servicio al cliente. Esto no solo perjudicará a los otros candidatos sino también a sus trabajadores de turno, el restaurante como un todo y sus clientes. Por otra parte, si su mente es transformada para cuidar primero a otros, entonces ayudará a los demás candidatos a desempeñarse bien, no solo por el bien de ellos sino también por el beneficio del restaurante, sus trabajadores y clientes.

El sacrificio por el bien de la comunidad (Romanos 12:1-3)

Sobra decir que poner a otros por encima de nosotros requiere sacrificio. Pablo exhorta a "que presentéis vuestros cuerpos como sacrificio vivo" (**Ro 12:1**). Las palabras *cuerpos* y *vivo* enfatizan que Pablo se refiere a acciones prácticas en el mundo de la vida cotidiana y el trabajo. Todos los creyentes se vuelven sacrificios vivos al ofrecer su tiempo, talento y energía en el trabajo que beneficia a otras personas y/o a toda la creación de Dios.

Podemos ofrecer un sacrificio vivo en cada momento de la vida en el que estamos despiertos. Lo hacemos cuando perdonamos a alguien que peca contra nosotros en el trabajo o cuando nos arriesgamos para ayudar a resolver una disputa entre otras personas. Ofrecemos un sacrificio vivo cuando renunciamos al uso insostenible de los recursos de la tierra en busca de nuestra propia comodidad. Ofrecemos un sacrificio vivo cuando tomamos un empleo menos que satisfactorio porque para nosotros es más importante sustentar a nuestra familia que encontrar el trabajo perfecto. Nos convertimos en sacrificios vivos cuando dejamos una buena posición para que nuestro cónyuge pueda aceptar el trabajo de sus sueños en otra ciudad. Nos convertimos en un sacrificio vivo cuando, como jefes, asumimos la culpa por el error que un subordinado comete en su trabajo.

Involucrando la comunidad en sus decisiones (Romanos 12:1-3)

La transformación de la mente "para que verifiquéis cuál es la voluntad de Dios" (**Ro 12:2**) viene mano a mano con involucrar a la comunidad de la fe en nuestras decisiones. Al estar en el proceso de ser salvos, involucramos a otros en nuestros procesos de toma de decisiones. La palabra que Pablo usa para "verificar" es literalmente "experimentar" o "comprobar" en griego (*dokimazein*). Nuestras decisiones deben ser verificadas y comprobadas por otros creyentes antes de poder estar seguros de que hemos entendido la voluntad de Dios. La advertencia de Pablo, "no piense más alto de sí que lo que debe pensar" (**Ro 12:3**) aplica para nuestra capacidad de toma de decisiones. No piense que tiene la sabiduría, estatura moral, amplitud de conocimiento o todo lo necesario para discernir la voluntad de Dios usted solo. "No seáis sabios en vuestra propia opinión" (**Ro 12:6**). Solo al involucrar a otros miembros de la comunidad fiel, con su diversidad de dones y sabiduría (**Ro 12:4–8**) viviendo en armonía unos con otros (**Ro 12:16**), podremos desarrollar, verificar y comprobar decisiones confiables.

Esto es más difícil de lo que puede que queramos admitir. Podemos reunirnos para recibir una enseñanza moral como comunidad, pero ¿en realidad con cuánta frecuencia hablamos unos con otros cuando tomamos decisiones morales? Con frecuencia, las decisiones las toma la persona a cargo deliberando de forma individual, tal vez después de escuchar las opiniones de pocos consejeros. Tendemos a actuar de esta manera porque las discusiones morales son incómodas o "calientes", como lo dijo Ronald Heifetz. A las personas no les gusta tener conversaciones acaloradas porque "la mayoría quiere mantener el orden establecido, evitando los temas difíciles". Además, por lo general sentimos que la toma de decisiones en comunidad es una amenaza para el poder que tenemos. Pero usualmente, tomar decisiones por nuestra cuenta significa seguir sesgos preconcebidos, en otras palabras, estar "adaptados a este mundo" (**Ro 12:2**).

Esto plantea una dificultad en el campo del trabajo. ¿Qué pasa si no trabajamos en una comunidad de fe, sino en una compañía secular, en el gobierno, en una institución académica, u otro lugar? Podríamos evaluar nuestras acciones comunalmente con nuestros compañeros de trabajo, pero tal vez ellos no estén sintonizados con la voluntad de Dios. Podríamos evaluar nuestras acciones comunalmente con nuestro grupo pequeño o con otras personas de la iglesia, pero probablemente ellos no entenderán muy bien nuestro trabajo. Cualquiera de estas —o ambas— prácticas es mejor que nada, pero sería aún mejor reunir a un grupo de creyentes de nuestro lugar de trabajo —o al menos creyentes que trabajen en circunstancias similares— y reflexionar con ellos en nuestras acciones. Si queremos evaluar qué tanto nuestras acciones como programadores, bomberos, funcionarios públicos o maestros de escuela (por ejemplo) implementan la reconciliación, justicia y fidelidad, ¿con quién podríamos reflexionar mejor que con otros programadores, bomberos, funcionarios públicos o maestros de escuela cristianos? (Para más información sobre este tema, ver **"Equipar a las iglesias anima a todos a que asuman la responsabilidad"** en *La iglesia que equipa*).

Trabajar como miembros los unos de los otros (Romanos 12:4-8)

Una aplicación práctica esencial de andar en novedad de vida es reconocer lo mucho que todos dependemos del trabajo de otros. "Pues así como en un cuerpo tenemos muchos miembros, pero no todos los miembros tienen la misma función, así nosotros, que somos muchos, somos un cuerpo en Cristo e individualmente miembros los unos de los otros" (**Ro 12:4–5**). Esta interdependencia no es una debilidad, sino un regalo de Dios. Mientras estamos en el proceso de ser salvados por Dios, nos integramos más unos con otros.

Pablo aplica esta idea al trabajo que cada uno hace en su papel particular. Él señala, "Teniendo dones que difieren" (**Ro 12:6a**) y nombra algunos de ellos que son formas de trabajo: la profecía, el servicio, la enseñanza, la exhortación, la generosidad, el liderazgo y la compasión. Cada uno de ellos es una "gracia que nos ha sido dada" (**Ro 12:6a**) que nos permite trabajar por el bien de la comunidad.

Pablo desarrolla este proceso en el contexto de una comunidad específica: la iglesia. Esto es apropiado porque toda la carta gira alrededor de un problema en la iglesia, que es el conflicto entre los creyentes judíos y los creyentes gentiles. Pero la lista no es particularmente del estilo de una iglesia. Todos los aspectos son igualmente aplicables al trabajo fuera de la iglesia. La profecía —"proclamar un mensaje impartido de forma divina" o "sacar a la luz algo que está escondido"— es la habilidad de aplicar la palabra de Dios a las situaciones oscuras, algo que se necesita desesperadamente en todos los lugares de trabajo. El servicio —con su semejante "administración"— es la habilidad de organizar el trabajo para que en realidad sirva a los que debe servir, por ejemplo, a los clientes, ciudadanos o estudiantes. Otro término para este aspecto es "gerencia".

Evidentemente, la enseñanza, la exhortación (o "animar") y el liderazgo ("el que dirige") son tan aplicables en los contextos seculares como lo son en la iglesia, igual que la generosidad, cuando recordamos que dar nuestro tiempo, nuestras habilidades, nuestra paciencia o nuestra pericia para ayudar a otros en el trabajo son todas formas de generosidad.

La compasión es un elemento tremendamente subestimado del trabajo. Aunque puede que tengamos la tentación de ver la compasión como un estorbo en el mundo competitivo del trabajo, en realidad es esencial para hacer bien nuestro trabajo. El valor del trabajo no viene solamente del tiempo que le dedicamos, sino de preocuparnos porque nuestros bienes o servicios sirvan a los demás —en otras palabras, por la compasión. Las personas que trabajan con automóviles y que no se *preocupan* si sus partes se colocan correctamente no son útiles para su compañía, para los clientes o los compañeros de trabajo, y tarde o temprano serán candidatos para el despido. O si a la *compañía* de automóviles no le interesa si sus trabajadores se preocupan por sus clientes, los clientes pronto se cambiarán a otra marca. Las excepciones a esto son productos y servicios que intencionalmente obtienen ganancias a partir de las debilidades de los clientes, como las sustancias adictivas, la pornografía, los productos que se aprovechan de los temores relacionados con la imagen corporal y otros. Para ganar dinero en casos como estos, puede que sea necesario *no* tener compasión por los clientes. El hecho mismo de que es posible ganar dinero hiriendo a los clientes en estos ámbitos indica que los cristianos deberían tratar de evitar estos lugares de trabajo en los que la compasión no es esencial para el éxito. Las ocupaciones legítimas obtienen dinero supliendo las verdaderas necesidades de las personas, no explotando sus debilidades.

Con todos estos dones, el poder de Dios que da vida se experimenta en *hechos* y formas particulares de *hacer* las cosas. En otras palabras, el poder de Dios que enriquece la vida de las personas viene por medio de *acciones* concretas que realizan los seguidores de Jesús. La gracia de Dios produce la acción en el pueblo de Dios para el bien de otros.

Los principios comportamentales específicos para guiar el discernimiento moral (Romanos 12:9-21)

———

Pablo identifica principios orientadores específicos para ayudarnos a servir a otros como conductos del poder de Dios que da vida. Él introduce esta sección con su preocupación principal de hacer que el amor sea genuino —o, literalmente, "sin hipocresía" (**Ro 12:9**). El resto de **Romanos 12:9–13** explica con mayor detalle el amor genuino, incluyendo el honor, la paciencia en el sufrimiento, la perseverancia en la oración, la generosidad de aquellos en necesidad y la hospitalidad para todos.

Se destaca **Romanos 12:16–18**, en donde Pablo anima a los romanos a vivir "en armonía los unos con los otros" (NVI). Dice que, específicamente, esto significa asociarse con el menos poderoso en la comunidad, resistir la necesidad de pagar mal con mal y en cuanto sea posible, vivir en paz con todos.

Si tenemos un amor genuino nos preocupamos por las personas con las que trabajamos. Por definición, cuando trabajamos, lo hacemos al menos en parte como un medio para un fin, pero nunca podemos tratar a las personas con las que trabajamos como un medio para un fin. Todos somos valiosos inherentemente y a título propio, tanto que Cristo murió por cada uno. Esto es amor genuino, tratar a cada persona como alguien por quien Cristo murió y resucitó para traer nueva vida.

Mostramos amor verdadero cuando honramos a las personas con las que trabajamos, llamando a todos por su nombre sin importar su estatus y respetando a sus familias, culturas, idiomas, aspiraciones y el trabajo que hacen. Mostramos amor genuino cuando somos pacientes con un subordinado que comete un error, un estudiante que aprende lentamente, un compañero de trabajo cuya discapacidad nos incomoda. Mostramos amor genuino por medio de la hospitalidad al empleado nuevo, al que llega tarde en la noche, al paciente desorientado, al pasajero varado, al jefe que acaban de ascender. Todos los días nos encontramos con la posibilidad de que alguien nos haga algún mal, pequeño o grande. Pero nuestra protección es no hacer el mal a otros como defensa propia, ni cansarnos hasta el desespero, sino "vencer con el bien el mal" (**Ro 12:21**). No podemos hacer esto con nuestro propio poder, sino solamente viviendo en el Espíritu de Cristo.

Vivir bajo el poder de Dios (Romanos 13)

Pablo dice, "Sométase toda persona a las autoridades que gobiernan; porque no hay autoridad sino de Dios, y las que existen, por Dios son constituidas" (**Ro 13:1**). Sabiendo que los sistemas del gobierno romano no eran conforme a la justicia de Dios, este consejo debe haber sido difícil de escuchar para algunas de las iglesias en Roma. ¿Cómo podría ser una forma de vivir en el Espíritu obedecer al emperador romano idólatra y despiadado? La respuesta de Pablo es que Dios es soberano sobre toda autoridad terrenal y que Dios tratará con las autoridades a su debido momento. Incluso Roma, con todo el poder que tuvo, estaba sujeta al poder de Dios en última instancia.

Con frecuencia, en el lugar de trabajo es verdad que "los gobernantes no son motivo de temor para los de buena conducta, sino para el que hace el mal" (**Ro 13:3**). Por lo general, los jefes organizan el trabajo con eficacia y crean un ambiente justo para resolver disputas. Comúnmente, las cortes resuelven casos que involucran patentes, títulos de propiedad, relaciones laborales y contratos de forma justa. A menudo, los organismos de regulación sirven para proteger el medioambiente, prevenir el fraude, hacer cumplir las políticas de seguridad laboral y asegurar el acceso igualitario a las oportunidades para vivienda. Por lo general, la policía detiene a los criminales y ayuda a los inocentes. El hecho de que incluso las autoridades no creyentes hagan las cosas correctamente de manera frecuente, es una muestra de la gracia de Dios en el mundo.

Sin embargo, las autoridades en los negocios, el gobierno y en todos los lugares de trabajo pueden hacer las cosas terriblemente mal y algunas veces abusar del poder para sus fines egoístas. Cuando esto sucede, es útil distinguir entre los poderes generados humanos (incluso aunque sean importantes) y el poder de Dios que está encima, detrás y a través de toda la creación. Con frecuencia los poderes humanos están mucho más cerca de nosotros y tienden a bloquear nuestra visión del movimiento de Dios en la vida. Este pasaje sirve como un ánimo para discernir en dónde Dios está activo y unir nuestra vida a aquellas actividades de Dios que fomentarán la verdadera plenitud de vida para nosotros y para todos.

Las personas que trabajaban en Tyco International cuando Dennis Kozlowski era el Director ejecutivo deben haberse preguntado por qué él podía salirse con la suya luego de robar los fondos de la compañía para pagar su estilo de vida personal extravagante. Podemos imaginar que los que trataban de trabajar con integridad tuvieran temor por su trabajo. Algunos que tenían principios éticos hasta cierto punto puede que hayan sucumbido ante la presión de participar en los planes de Kozlowski. Sin embargo, eventualmente Kozlowski fue descubierto, acusado y condenado por hurto agravado, conspiración y fraude. Aquellos que confiaron en que la justicia sería restaurada en algún momento terminaron en el lugar correcto de la historia.

Pablo les ofrece un consejo práctico a los cristianos en Roma que estaban viviendo en el lugar central de las autoridades humanas más poderosas que el mundo occidental había conocido: obedezca la ley, pague sus impuestos y pagos comerciales, respete y honre a aquellos que tienen posiciones de autoridad (**Ro 12:7**). Tal vez algunos habían pensado que, como cristianos, deberían rebelarse contra la injusticia romana. Pero parece que Pablo ve egocentrismo en su actitud y no una actitud centrada en Dios. La rebeldía por interés propio no los preparará para el "día" de Dios que se acerca (**Ro 13:12**).

Por ejemplo, en algunos países la evasión de impuestos es tan común que no se pueden proveer servicios necesarios, el soborno (para permitir la evasión) corrompe a los funcionarios de todo nivel y la carga fiscal se distribuye injustamente. El gobierno pierde legitimidad ante la vista de los contribuyentes y de los evasores de impuestos. La inestabilidad civil retrasa el crecimiento económico y el desarrollo humano. Sin duda, gran parte del dinero que se recoge se usa para propósitos que no concuerdan con los valores cristianos y muchos cristianos pueden responder evadiendo impuestos igual que todos los demás. Pero, ¿qué pasaría si los cristianos se comprometieran, de forma organizada, a pagar sus impuestos y a monitorear el uso de los fondos por parte del gobierno? Podría tomar décadas reformar el gobierno de esta manera pero ¿funcionaría eventualmente? El argumento de Pablo en Romanos 12 indica que así sería.

Muchos cristianos viven en países democráticos hoy día, lo que les da una responsabilidad adicional de votar por leyes sabias que expresan la justicia de Dios de la mejor forma posible. Una vez que se cuentan los votos, tenemos la responsabilidad de obedecer las leyes y las autoridades, incluso si no estamos de acuerdo con ellas. Las palabras de Pablo implican que debemos obedecer a las autoridades legítimas, incluso si estamos trabajando para cambiar las injustas a través de medios democráticos.

En todos los ámbitos de la vida, tenemos una responsabilidad continua de resistir y transformar todos los sistemas injustos, siempre poniendo el bien común por encima del interés personal. Incluso así, debemos mostrar respeto a las autoridades, sea en el trabajo, la escuela, la iglesia, el gobierno o la vida civil. Creemos que el cambio no ocurre porque expresamos nuestra indignación, sino porque Dios es soberano sobre todo.

Pablo termina el capítulo 13 anotando que al amar a otras personas, cumplimos los mandamientos. Vivir en el Espíritu cumple inherentemente la ley judía, incluso si los que lo hacen no la conocen. Él reitera que esto no viene por medio del esfuerzo humano, sino por el poder de Cristo en nosotros. Su conclusión es, "vestíos del Señor Jesucristo" (**Ro 13:14**).

Aceptar - vivir pacíficamente con diferentes valores y opiniones (Romanos 14-15)

En este punto en la carta, Pablo ha terminado de desarrollar su método de razonamiento moral. Ahora hace una pausa para hablar de algunas implicaciones que surgen de ella en el contexto único de las iglesias romanas, concretamente, en las disputas entre los creyentes.

La implicación principal para las iglesias romanas es la aceptación. Los cristianos romanos deben aceptarse unos a otros. No es difícil ver cómo Pablo encuentra esta implicación. La meta del razonamiento moral conforme a Romanos 6 es "andar en novedad de vida", lo que significa traer una *nueva calidad de vida* para aquellos a nuestro alrededor. Si usted está en una relación rota con alguien, la aceptación es inherentemente una nueva calidad de vida. La aceptación es la reconciliación en la práctica. Las riñas buscan excluir a otros, pero la aceptación busca incluirlos, incluso cuando eso significa respetar las áreas de desacuerdo.

La aceptación vence las disputas que surgen por opiniones diferentes (Romanos 14:1-23)

———

Pablo comienza diciendo, "Aceptad al que es débil en la fe, pero no para juzgar sus opiniones" (**Ro 14:1**). El "débil en la fe" puede ser el que no tiene confianza suficiente en sus propias convicciones respecto a temas controvertidos (ver **Ro 14:23**) y se basan en reglas estrictas que gobiernan sus acciones. Específicamente, algunos de los cristianos judíos mantenían las restricciones de las leyes alimenticias judías y se ofendían si otros cristianos consumían carne y bebidas no kosher. Aparentemente, se rehusaban incluso a comer con los que no guardaban la dieta kosher. Aunque ellos ven esta restricción como una fortaleza, Pablo dice que se convierte en una debilidad cuando hace que ellos juzguen a los que no comparten su convicción. Él le dice al que guarda la dieta kosher que "no juzgue al que come [carne no kosher]".

No obstante, la respuesta de Pablo a su debilidad no es discutir con ellos ni ignorar sus creencias, sino hacer lo que fuera necesario para que se sintieran aceptados. Él les dice a los que no guardan la dieta kosher que no hagan alarde de su libertad para comer de todo, porque hacerlo requeriría que los que guardan la dieta kosher rompieran la comunión con ellos o que violaran su conciencia. Si no se encuentra una carne kosher, entonces los que no guardan la dieta debían unirse a los que sí la guardan y comer solamente vegetales, en vez de demandar que los que guardan la dieta violen su conciencia. Pablo dice que "lo malo es hacer tropezar a otros por lo que uno come" (**Ro 14:20**).

Ambos grupos creen firmemente que su perspectiva es importante en el ámbito moral. Los fuertes creen que para los gentiles guardar la dieta kosher es negar la gracia de Dios en Cristo Jesús. Los débiles creen que no guardar la dieta kosher —y el simple hecho de comer con personas que no la guardan— es una afrenta contra Dios y una violación de la ley judía. La discusión se acalora porque la libertad en Cristo y la obediencia a los pactos de Dios son temas verdaderamente importantes en lo moral y lo religioso. Sin embargo, las relaciones en la comunidad son aún más importantes. Vivir en Cristo no se trata de tener la razón o no tenerla respecto a cualquier tema en particular, sino que se trata de tener una relación correcta con Dios y con otros, se trata de "paz y alegría en el Espíritu Santo" (**Ro 14:17**).

Los desacuerdos morales pueden ser incluso más difíciles en el trabajo, en donde hay menos terreno común. Un aspecto interesante respecto a esto es el interés especial de Pablo por los débiles. Aunque les dice a ambos grupos que no juzguen a los otros, pone una gran carga práctica en el fuerte. "Nosotros los que somos fuertes, debemos sobrellevar las flaquezas de los débiles y no agradarnos a nosotros mismos" (**Ro 15:1**). Nuestro modelo para esto es Jesús, ya que "ni aun Cristo se agradó a sí mismo" (**Ro 15:3**). Esto significa que aquellos que están en lo correcto, o que hacen parte de la mayoría, o que de otra manera tienen más poder, son llamados a abstenerse voluntariamente de violar la conciencia de otros. En la mayoría de lugares de trabajo ocurre lo contrario. Los débiles se deben acomodar a las imposiciones de los fuertes, incluso aunque al hacerlo violen su conciencia.

Imagine por ejemplo que alguien en su lugar de trabajo tiene convicciones religiosas o morales que requieren una modestia particular en cuanto a la forma de vestir, por ejemplo cubriendo el cabello o los hombros o las piernas. Estas convicciones podrían ser una forma de debilidad, para usar la terminología de Pablo, si hacen que esa persona esté incómoda junto a los que no comparten sus ideas de modestia en la forma de vestir. Es probable que usted no cuestione a la persona que tiene esa forma modesta de vestir, pero el argumento de Pablo implica que usted y todos sus compañeros de trabajo también deberían vestirse modestamente de acuerdo con los estándares de la otra persona, al menos si quiere que su lugar de trabajo sea un lugar de aceptación y reconciliación. Los fuertes (a los que no los perjudica el legalismo respecto a los códigos de vestimenta) deben aceptar a los débiles (los que se ofenden por la forma de vestir de otros) acomodándose a su debilidad.

Recuerde que Pablo no desea que les demandemos a otros que se acomoden a nuestros reparos. Eso nos convertiría en el débil, pero Pablo quiere que nos convirtamos en fuertes en la fe. No deberíamos ser los que promueven las habladurías acerca de la forma de vestir, el lenguaje o el gusto musical de las demás personas en el trabajo. En cambio, imagine que los cristianos fueran reconocidos por hacer que todos se sientan aceptados y no por juzgar los gustos y hábitos de los demás. ¿Eso promovería u obstaculizaría la misión de Cristo en el mundo laboral?

La aceptación edifica la comunidad
(Romanos 14:19-15:33)

Otra característica de la aceptación es que fortalece la comunidad. "Cada uno de nosotros agrade a su prójimo en lo que es bueno para su edificación" (**Ro 15:2**) casi en la misma forma en la que un anfitrión acogedor se asegura de que la visita beneficie al invitado. El "prójimo" aquí es otro miembro de la comunidad. Pablo nos dice "que procuremos lo que contribuye a la paz y a la edificación *mutua*" (**Ro 14:19**). La edificación mutua significa trabajar juntos en comunidad.

En los capítulos 14 y 15, vemos que aceptar es una práctica poderosa. Pablo no está hablando de simplemente saludar con una sonrisa en el rostro. Está hablando de participar en el discernimiento moral profundo como una comunidad manteniendo una relación cálida con aquellos que llegan a conclusiones morales diferentes, incluso en temas importantes. En lo que a Pablo respecta, las relaciones duraderas en la comunidad son más importantes que las conclusiones morales particulares. Las relaciones traen una calidad de vida a la comunidad que excede por mucho cualquier posible satisfacción de tener la razón acerca de un tema o de juzgar a otros diciendo que están equivocados. También es un testimonio más atractivo para el mundo a nuestro alrededor. "Por tanto, aceptaos los unos a los otros, como también Cristo nos aceptó *para gloria de Dios*" (**Ro 15:7**). Cuando nos aceptamos unos a otros, el resultado final por la misericordia de Dios (**Ro 15:9**) es que le alaben "todos los pueblos" (**Ro 15:11**).

Una comunidad de líderes (Romanos 16)

El capítulo 16 de Romanos contradice las suposiciones de muchas personas acerca de la naturaleza del trabajo de Pablo —es decir, que era una figura solitaria y heroica, que soportaba las dificultades para llevar a cabo su llamado solitario y exaltado de difundir el evangelio entre los gentiles. Sin embargo, en Romanos 16, Pablo aclara que su trabajo era un esfuerzo comunitario. Él menciona por su nombre a veintinueve trabajadores y a muchos más en términos como "la iglesia que está en su casa" y "a los hermanos con ellos". La lista de Pablo le da un valor equitativo al trabajo tanto de mujeres como de hombres sin distinción de roles para cada uno y parece que incluye personas de varios estatus sociales. Claramente, varios de ellos son ricos y algunos pueden ser libertos. Otros pueden ser esclavos. Pablo alaba el trabajo particular de muchos, tales como los que "expusieron su vida" (**Ro 16:4**), "que ha trabajado mucho" (**Ro 16:6**), "compañeros de prisión" (**Ro 16:7**), los que han "trabajado mucho en el Señor" (**Ro 16:12**) o actuaron "como una madre para mí" (**Ro 16:13**, NVI). También menciona el trabajo de Tercio, quien escribió la carta (**Ro 16:22**) y Erasto, "el tesorero de la ciudad" (**Ro 16:23**).

Observar a Pablo dentro de un círculo tan amplio de compañeros de trabajo debilita el énfasis del occidente moderno en la individualidad, especialmente en el lugar de trabajo. Como todos los que nombra, Pablo trabajó *en* comunidad *por el bien de* la comunidad. Esta sección final de la carta nos muestra que el evangelio está en el trabajo de *todos*. No todos son apóstoles, ni estamos llamados a dejar nuestro trabajo y viajar por el mundo predicando, lo cual queda claro por la lista de Pablo de los dones variados en **Romanos 12:6–8**. Sin importar qué clase de trabajo ocupa nuestro tiempo, somos llamados a actuar como siervos de las buenas nuevas de salvación de Dios para todas las personas. (Ver **"Trabajar como miembros los unos de los otros"**, en **Romanos 12:4–8**).

Estos saludos también nos recuerdan que los líderes de la iglesia son trabajadores. Algunas veces es tentador considerar que el trabajo de Pablo es diferente a otras clases de trabajo. Pero que Pablo se refiera repetidamente al *trabajo* de aquellos que nombra, nos recuerda que lo que es real en el ministerio de Pablo es real para todos los lugares de trabajo. Aquí, en donde pasamos gran parte del tiempo cada semana, es donde aprenderemos a caminar en novedad de vida (**Ro 6:4**) o donde seguiremos envueltos en el poder de la muerte. En nuestras relaciones en el trabajo se nos invita a buscar el bien de los demás, según el modelo de Cristo. En el trabajo de nuestras mentes, corazones y manos, que con frecuencia es rutinario, es donde se nos ofrece la oportunidad de convertirnos en canales de la gracia de Dios para otros.

En los últimos versículos de Romanos, es evidente que ningún trabajo se destaca aisladamente, sino que están entretejidos con los trabajos de otros. Pablo reconoce a aquellos que han ido delante de él, que le pasaron la fe, aquellos que han trabajado a su lado y a los que han arriesgado su vida por él y por su trabajo común. Este punto de vista nos llama a observar toda la estructura de la comunidad que constituye nuestro lugar de trabajo, para considerar todas las vidas que se entrelazan con la nuestra, apoyando y realzando lo que somos capaces de hacer, todos los que renuncian a algo que podrían querer para sí mismos con el fin de beneficiarnos y beneficiar el trabajo que va más allá de nosotros en el mundo de Dios.

Conclusión de Romanos

El interés predominante de Pablo en Romanos es la salvación —la reconciliación de Dios con el mundo a través de la cruz de Jesucristo. En Cristo, Dios está trabajando para reconciliar a todas las personas consigo mismo, reconciliar a las personas unas con otras y redimir el orden creado de las fuerzas malvadas de pecado, muerte y decadencia. El interés de Pablo no es abstracto, sino que es práctico. Su meta es sanar las divisiones entre los cristianos en Roma y ayudarles a trabajar juntos para alcanzar la voluntad de Dios para sus vidas y trabajos.

En este contexto, Pablo muestra cómo la salvación viene a nosotros como un regalo gratuito comprado por la fidelidad de Dios en la cruz de Cristo y por la gracia de Dios al llevarnos a tener fe en Cristo. De ninguna manera este regalo gratuito implica que a Dios no le interesa el trabajo que hacemos y la forma en la que trabajamos. En cambio, Pablo muestra cómo el recibir la gracia de Dios transforma tanto el trabajo que hacemos como la forma en la que lo hacemos. Aunque no trabajamos para ganar la salvación, ya que Dios nos está salvando, Él nos da la asombrosa diversidad de dones necesarios para servirnos unos a otros y edificar nuestras comunidades. Como resultado, caminamos en una nueva forma de vida, trayendo vida en Cristo a los que están a nuestro alrededor y, en el tiempo de Dios, a la plenitud de la creación.

Don't miss out!

Visit the website below and you can sign up to receive emails whenever Sermones Bíblicos publishes a new book. There's no charge and no obligation.

https://books2read.com/r/B-A-ALQN-XTEYC

BOOKS2READ

Connecting independent readers to independent writers.

Did you love *Analizando la Enseñanza del Trabajo en la Carta a los Romanos*? Then you should read *Analizando la Enseñanza del Trabajo en el Nuevo Testamento*[1] by Sermones Bíblicos!

[2]

Este libro de educación bíblica para el trabajo es una guía esencial para aquellos que buscan aplicar las enseñanzas del Nuevo Testamento en su vida laboral. Con un enfoque en las enseñanzas prácticas y relevantes para la actualidad, este libro proporciona una visión fresca y contemporánea de las lecciones bíblicas. Cada capítulo está lleno de sabiduría atemporal, presentada de manera que resuena con los desafíos y oportunidades del mundo laboral moderno. Desde la gestión efectiva del tiempo hasta la construcción de relaciones laborales sólidas, este libro ofrece una perspectiva bíblica sobre una variedad de temas laborales. Las hermosas enseñanzas prácticas en cada página no solo

---

1. https://books2read.com/u/bPDNxj

2. https://books2read.com/u/bPDNxj

inspirarán a los lectores a vivir su fe de manera más plena en su vida laboral, sino que también les proporcionarán herramientas tangibles para navegar por los desafíos del lugar de trabajo. Este libro es más que un recurso educativo; *es una invitación a vivir y trabajar de una manera que refleje las enseñanzas del Nuevo Testamento en cada aspecto de nuestra vida*

Also by Sermones Bíblicos

Enseñanzas de la Sana Doctrina Cristiana
Enseñanzas de la Sana Doctrina Cristiana: Saliendo de Egipto a Canaán 2007
Enseñanzas de la Sana Doctrina Cristiana: Saliendo de Egipto a Canaán 2008
Enseñanzas de la Sana Doctrina Cristiana: Tesoros Bíblicos
Enseñanzas de la Sana Doctrina Cristiana: El Progreso del Peregrino
Enseñanzas de la Sana Doctrina Cristiana: El Progreso de la Peregrina

Estudiando El Tabernáculo de la Biblia
El Tabernáculo: Descripción de sus Componentes
Principios Bíblicos para una Iglesia: Ilustrados por El Tabernáculo
El Tabernáculo: En el Desierto y las Ofrendas
El Tabernáculo: Las Ofrendas Levíticas, el Sacrificio de Expiación
El Tabernáculo: Un santuario Terrenal
Analizando la Enseñanza del Trabajo en el Libro Profético de Jeremías y Lamentaciones

Estudio Bíblico Cristiano Sobrevolando la Biblia con Enseñanzas de la Sana Doctrina

Estudio Bíblico: Génesis 1. La Creación en Seis Días
Estudio Bíblico: Génesis 2. Estatutos de la Creación
Estudio Bíblico: Génesis 3. La Caída del Hombre
El Tabernáculo: En el Nuevo Testamento
Estudio Bíblico: Génesis 4. Aconteció Andando el Tiempo; Presente, Tributo, Oblación
Estudio Bíblico: Génesis 5. El Mensaje que Dios tiene para Nosotros en esta Genealogía
La Historia de Noé: Su Entorno, Su Experiencia, El Mandato y El Pacto
Estudio Bíblico: Sana Doctrina Cristiana: Introducción a la Biblia

Juan Bunyan Collection
Enseñanzas de la Sana Doctrina Cristiana: El Progreso del Peregrino y la peregrina

La Enseñanza del Trabajo en la Biblia
Analizando la Enseñanza del Trabajo en Éxodo: De la Esclavitud a la Liberación
Analizando la Enseñanza del Trabajo en Levítico: Alcanzar el Espíritu de la Ley en el Trabajo
Analizando la Enseñanza del Trabajo en Números: La Experiencia de Israel en el Desierto para Nuestros Desafíos Actuales
Analizando la Enseñanza del Trabajo en Deuteronomio: Una Perspectiva para la Vida Laboral Actual
Analizando la Enseñanza del Trabajo en Josué y Jueces: ¡La Motivación para el Trabajo Arduo!
Analizando la Enseñanza del Trabajo en Rut: Un Referencial para el Autocrecimiento y Superación
Analizando la Enseñanza del Trabajo en Samuel, Reyes y Crónicas: Un Estudio de Liderazgo en la Antigüedad

Analizando la Enseñanza del Trabajo en los Libros Poéticos
Analizando la Enseñanza del Trabajo en los Libros Proféticos de la Biblia
Analizando la Enseñanza del Trabajo en el Antiguo Testamento
Analizando la Enseñanza del Trabajo en el Antiguo Testamento
Base Bíblica de la Educación del Trabajo
Analizando la Enseñanza del Trabajo en el Nuevo Testamento
Analizando la Enseñanza del Trabajo en las Cartas Generales y el Apocalipsis
Analizando la Enseñanza del Trabajo en las Cartas Paulinas
Analizando la Enseñanza del Trabajo en los Hechos de los Apóstoles
Analizando la Enseñanza del Trabajo en los Evangelios del Nuevo Testamento
Analizando la Enseñanza del Trabajo en los Libros Históricos del Nuevo Testamento

La Enseñanza en la Clase Bíblica
Estudiando la Enseñanza en la Clase Bíblica: Guía para Maestros

Los Cuatro Evangelios de la Biblia
Analizando Notas en el Libro de Mateo: Cumplimientos de las Profecías del Antiguo Testamento

Los Cuatro Evangelios de la Biblia
Analizando Notas en el Libro de Marcos: Encontrando Paz en Tiempos Difíciles
Analizando Notas en el Libro de Lucas: El Amor Divino de Jesús Revelado

Analizando Notas en el Libro de Juan: La Contribución de Juan a las Escrituras del Nuevo Testamento

Notas en el Nuevo Testamento
Analizando Notas en el Libro de los Hechos: Un Viaje de Continuación en la Obra de Jesús

Personajes de la Biblia
Analizando Escenas Bíblicas: 62 Inspiradoras Enseñanzas Cristianas del Antiguo Testamento

Profecías Bíblicas
Perfíl Profético: La Última Semana
Claras Palabras Proféticas: La Profecía Hecha Historia
Perspectiva de la Profecía: El Próximo Gran Acontecimiento
Desarrollo Profético de Dios: Las Señales de los Tiempos
Profecía Cronológica: Las Cosas que Sucederán en la Tierra
Seis Días Proféticos en la Biblia

Sermones de C. H. Spurgeon
La Procesión del Dolor

Sobrevolando la Biblia
Símbolos en la Biblia: Sana Doctrina Cristiana

About the Author

Esta serie de estudios bíblicos es perfecta para cristianos de cualquier nivel, desde niños hasta jóvenes y adultos. *Ofrece una forma atractiva e interactiva de aprender la Biblia,* con actividades y temas de debate que le ayudarán a profundizar en las Escrituras y a fortalecer su fe. Tanto si eres un principiante como un cristiano experimentado, esta serie te ayudará a crecer en tu conocimiento de la Biblia y a fortalecer tu relación con Dios. Dirigido por hermanos con testimonios ejemplares y amplio conocimiento de las escrituras, *que se congregan en el nombre del Señor Jesucristo Cristo en todo el mundo.*